Spielen und Heiraten in Las Vegas

Das Umschlagfoto zeigt Vegas Vic in der Fremont Street / Downtown Las Vegas, Hochzeitskapelle "Little White Chapel", Sandsteinkoloß im Valley of Fire und Glücksfee im Excalibur
Umschlaggestaltung: Sigrid Kowalewski

Autoren: Gabi und Klaus Heller

CIP-Einheitsaufnahme / Deutsche Bibliothek:
Spielen und Heiraten in LAS VEGAS

Fotonachweis:
Umschlagrückseite: Ute Vogt
Seite 107: Stinnes Marketing Consulting, 80802 München
alle restlichen Aufnahmen: Gabi und Klaus Heller

Beitrag *Namensrecht* von Gerhard Benedikt, Standesbeamter in München
Beitrag *Ehevertrag* von Prof. Dr. Peter Gantzer, Notar in München
Fachliche Beratung zum Kapitel
Spielen in Las Vegas: Reinhard Schulz, 80689 München

Satz und Layout: Ernst Strecker und Klaus Heller
Lektorat: Dr. Angelika Löbke-Reinl
Kartographie: Gabi Heller, Klaus Heller, Kurt Kritzinger
Lithos: Repro Kuschel, 81539 München
Satzbelichtung: Satzwerkstatt GmbH, 81667 München

Druck und Bindung: Ebner Ulm
Der Umwelt zuliebe: Gedruckt auf 100 % chlorfrei gebleichtem Papier.

1. Auflage 1996

 Postfach 1204, D-82019 Taufkirchen bei München
Tel.: BRD 089-612 2829 FAX: BRD 089-612 6869

Auslieferung für Österreich: HILLSTEIN Verlagsauslieferung, Rochusgasse 9, A-5017 Salzburg Tel.: A-0662-82 77 00 FAX: A-0662-82 77 00-82

Auslieferung für die Schweiz: PEGASUS Verlagsauslieferung, Dorfgasse 17, CH-6030 Ebikon Tel.: CH-041-34 88 46 FAX: CH-041-34 88 44

ISBN 3-929403-04-8 Printed in Germany

Inhaltsverzeichnis

Vorwort 8

Praktische Reisetips 13

An- und Abreise 14
Einreise, Flughafen, Landweg, US-Vertretungen im deutschen Sprachraum, deutschsprachige Vertretungen in den USA, Informationsstellen, Flugverbindungen, Reisebüros, Ausreise

Gesundheitsvor- und -fürsorge 24
Flugangst, Impfungen, Sonne, Wasser, Reizüberflutung, Ärzte und Krankenhäuser, Apotheken, Krankenversicherung

Sicher Reisen 28

Mit Kindern unterwegs 30

Nevadas Staatskennzeichen 33

Klima, Kleidung, Reisegepäck 34

Zahlungsverkehr 36
Währung, Zahlungsmittel / Geldwechsel, Überweisungen Steuer, Trinkgelder

Sprache 40

Volljährigkeit 40

Zeitverschiebung 40

Zeitangabe 41

Stromspannung 41

Wäscheservice 41

Post 42

Telefon 43

Presse, Rundfunk und TV 45

Fotografieren und Videoaufnahmen 45
Filmmaterial und -entwicklung, Kamerareparaturen und Fotozubehör, Videoverleih

Führerschein 48

Straßenverkehr 49

Leihwagen 52

Busverkehr 53
Stadtbusse, Trolleys, Sightseeing-Touren, Überlandbusse

Bahnverbindungen 57

Touren per Flugzeug und Hubschrauber 58
Flugzeugcharter, Hubschraubercharter

Las Vegas und Umgebung 61

Geschichte 62

Las Vegas in Zahlen 67

Motels 68

Downtown 72
Downtown Hotels & Casinos 76

The Strip 79
Strip Hotels & Casinos 82

Shows, Revues & Free Entertainment 105
Shows, Production Shows, One Man Shows, Comedy Shows, Dinner Shows, Revues, Nachtclubs, Free Entertainment

Essen & Trinken 116
Buffets, Restaurants & Cafés, Speisen auf Amerikanisch

Einkaufen 124
Supermärkte, Malls & Shopping Centers, Fabrikabverkauf

Sport & Freizeit 127
Ballonfahren, Bowling, Bungeespringen, Fallschirmspringen, Golf, Klettern, Radfahren, Rafting, Reiten, Rollschuhlaufen, Schiffahrten, Schlittschuhlaufen, Schwimmen, Skifahren, Strömungsfliegen, Tennis, Squash und Racquetball

Vergnügungsparks 137
Formula K Family Fun Park, Funtazmic, Grand Slam Canyon, MGM Theme Park

Museen 138
Kindermuseen, Naturhistorisches Mus., Kunst, Kitsch & Rekorde

Naturparks 142
Lake Mead & Boulder Beach, Hoover Damm, Red Rock Canyon, Valley of Fire & Overton, Grand Canyon, Death Valley, Zion Nationalpark, Geisterstädte

Prostitution, Sex und Freudenhäuser 156

Spielen in Las Vegas 157

Funbooks, Free Drinks & High Rollers 158

Spielerterminologie 159

Automatenspiele 161
Slot Machines, Video-Automaten

Glücksrad 163

Kartenspiele 164
Baccarat, Blackjack, Poker, Nomenklatur der Farben und Spielkarten, Rangfolge der Pokerkarten

Weitere Tischspiele 171
Craps, Roulette

Zahlenspiele 174
Bingo, Keno

Heiraten in Las Vegas 177

Hochzeitskleidung, Trauringe und Blumen 178

Voraussetzungen für die Heiratserlaubnis 180

Heiratserlaubnis (Marriage License) 181

Ziviltrauung 181

Die richtigen Worte - auf amerikanisch 182

Die richtigen Worte - in deutscher Übersetzung 183

Religiöse Trauung 184

Hochzeitskapellen 186

Außergewöhnliche Varianten 189

Rechtsgültigkeit 190

Meldeverfahren für Deutschland 190

Meldeverfahren für Österreich 191

Meldeverfahren für die Schweiz 191

Sonderfälle 192

Deutsches Namensrecht
von Gerhard Benedikt, Standesbeamter 192

Ehevertrag von Prof. Dr. Peter Gantzer, Notar 195

Stichwortverzeichnis 198

Vorwort

Die Glitzermetropole Las Vegas lockt jährlich mehr als 27 Millionen Besucher an. Hier jagt ein Superlativ den anderen: die teuersten Shows, die größten Boxkämpfe, die meisten Spielcasinos, die meisten Hochzeitskapellen, die größten Hotels und das größte, einstöckige Messezentrum.

Warum "heiraten in Las Vegas"? Weil Sie nirgends auf der Welt so schnell und unbürokratisch den Bund für's Leben schließen können. Es wird weder Geburtsurkunde noch Aufgebot (wie in Deutschland, Österreich und der Schweiz) noch ein Bluttest (wie in vielen anderen US-Bundesstaaten) verlangt. Allein das Hochzeitspaar bestimmt, ob es in wenigen Minuten oder in einer pompösen Zeremonie heiraten will und wie dieser bedeutsame Tag ablaufen soll, z.B. lange ausschlafen, gut essen, ein Hubschrauberflug über Las Vegas, den Hoover Damm und den Grand Canyon und am Abend die beste Show der Stadt. Der Umstand, daß kaum ein Verwandter eine Einladung über den großen Teich erwartet, ist für viele ein willkommener Nebeneffekt.

Warum "spielen in Las Vegas"? Weil Sie sich hier ungehemmt und zügellos, im Frack, mit Anzug und Krawatte, im feinen Abendkleid oder ganz einfach in Turnschuhen, Sandalen, Blue-Jeans und im T-Shirt Ihrem Spieltrieb hingeben können. Und weil Sie nirgendwo auf der Welt ein so konzentriertes Angebot an Slot-Maschinen,

Craps-, Roulette- und Pokertischen finden werden. Außerdem macht es einfach mehr Spaß, gemeinsam mit tausenden von Gleichgesinnten zu gewinnen und zu verlieren und die Höhen und Tiefen des Spielens mit Menschen der verschiedendsten Altersgruppen, Rassen, Herkunftsländer und sozialen Schichten zu teilen.

Und was gibt's sonst noch? Zahlreiche Shows, Museen und Freizeitmöglichkeiten jedweder Art. Abenteurer können Bungee- oder Fallschirmspringen, Familien Rollschuh- oder Schlittschuhlaufen oder sich im Mega-Wasserrutschenpark *Wet'n Wild* vergnügen. Naturfreunde finden in allernächster Umgebung der Parade-Kunstwelt Las Vegas wunderschöne Naturparks, die ihresgleichen suchen. Folgen Sie z.B. dem Charleston-Boulevard in westlicher Richtung, so gelangen Sie schon nach einer halben Stunde zum *Red Rock Canyon* (Schlucht des roten Felsens), einem wenig bekannten Juwel inmitten der Wüste. Auch das faszinierende *Valley of Fire* (Tal des Feuers) im Norden und der *Hoover Dam* im Osten eignen sich vorzüglich für einen Tagesausflug. Zum *Death Valley* (Tal des Todes) müssen Sie schon früh aufbrechen, wenn Sie es an einem Tag erkunden wollen und für den *Grand Canyon* und den *Zion National Park* sollten Sie etwas mehr Zeit einplanen.

Die Autoren wünschen Ihnen einen schönen Urlaub, viel Glück am Spieltisch und den Heiratskandidaten unter den Lesern natürlich viele harmonische Ehejahre!

WELCOME
TO Fabulous
LAS VEGAS
NEVADA

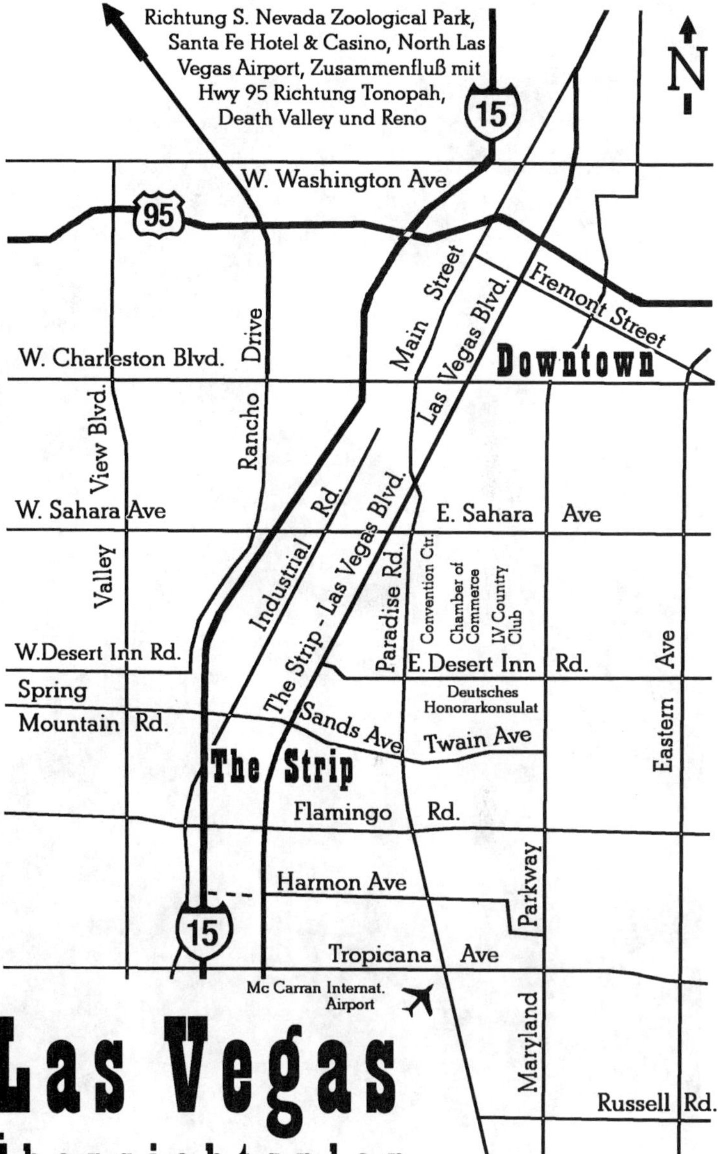

Las Vegas

Übersichtsplan

Praktische Reisetips

An- und Abreise

Einreise

Ob Sie nun direkt nach Las Vegas oder über Atlanta, New York, Chicago oder Los Angeles zu Ihrem Ziel fliegen: Zoll und Einreiseformalitäten müssen immer am ersten Flughafen, den Sie in den USA betreten, erledigt werden. Schon im Flugzeug erhalten Sie zwei Formulare: Ein grünes für die Einwanderungsbehörde *(Immigration)* und ein weißes für den Zoll *(Customs)*.
Deutsche, Niederländer, Österreicher und Schweizer benötigen für den touristischen Aufenthalt in den USA bis zu 90 Tagen kein Visum und es genügt, wenn der Reisepaß nur bis zu dem im Tikket eingetragenen Rückflugtag gültig ist. Allerdings können bei der Einreise der Besitz eines Rück- oder Weiterflugtickets sowie der Nachweis ausreichender Geldmittel für die Dauer des Aufenthalts (ggf. genügt Kreditkarte) gefordert werden. Die von der Visumpflicht befreiten Staatsbürger müssen ein grünes Formular mit der Bezeichnung I-94 W *(Nonimmigrant Visa Waiver Arrival / Departure Form)* ausfüllen. Auf der Vorderseite wird nach Namen, Geburtsdatum, Heimatadresse, Abflug- und Ankunftsflughafen, Flugnummer und Adresse in den USA gefragt. Sollten Sie nichts fest gebucht haben, geben Sie einfach irgendeine Hoteladresse aus diesem Reiseführer an. (Sie werden nicht zur Rechenschaft gezogen, auch wenn Sie sich letztlich doch für eine andere Unterkunft entscheiden!)
Die Fragen auf der Rückseite nach ansteckenden Krankheiten, Vorstrafen und Zurückweisung früherer Visaanträge sollten Sie ausnahmslos mit *"nein"* beantworten können, da Sie sonst mit einer Verweigerung der Einreiseerlaubnis rechnen müssen. Beim Ausfüllen des weißen Formulars für den Zoll sollten Sie folgendes wissen:
Zollfrei in die USA einführen dürfen Sie 200 Zigaretten, 1Liter alkoholische Getränke,

Geschenke im Wert bis zu 100 US$ sowie alle Gegenstände, die während Ihres touristischen Aufenthalts zu Ihrem persönlichen Gebrauch bestimmt sind (Kleidung, Toilettenartikel, Kameras, Filme ect.).
Strengstes **Einfuhrverbot** besteht für Fleischprodukte, Obst, alkoholgefüllte Süßigkeiten, Gemüse, Pflanzen, Erde oder Samen jedweder Art sowie für Narkotika, süchtigmachende Arzneien, Gifte, obszöne Gegenstände und Publikationen, Feuerwerksartikel und Klappmesser. Es lohnt sich keinenfalls, die Wurstsemmel oder den Apfel aus der Flugverpflegung durch den Zoll zu schmuggeln, da diese Einfuhrverbote - basierend auf einem uralten Seuchenbekämpfungsgesetz - zuweilen recht streng kontrolliert und geahndet werden.
Die Ein- oder Ausfuhr von mehr als 10.000 US$ in bar oder als Reiseschecks muß bei der US-Zollbehörde deklariert werden. Im Kreditkarten-Zeitalter wird dies sicherlich die wenigsten Leser stören. Aber auch der deutsche Immobilienmakler, der österreichische Hofrat oder der schweizer Käsefabrikant, der mit einem Köfferli voll Schwarzgeld in die USA reist, um den Inhalt am Spieltisch zu verdoppeln, kann dies getrost beim Zoll angeben. Die Devisen-Deklaration dient wirklich nur statistischen Zwecken.

Flughafen

Dreh- und Angelpunkt für Auslandsflüge und Inlandsjets ist der McCarran International Airport im Süden der Stadt. Der Flughafen liegt nahe am Strip (ca. 6 km) zwischen Tropicana Ave und Sunset Road, Zufahrt über Tropicana Ave, Paradise Road und Wayne Newton Boulevard. Hier starten und landen täglich rund 900 Flugzeuge - fast soviele wie in Frankfurt/Main (ca. 1.000 Starts & Landungen / Tag) - und bringen pro Jahr über 27 Millionen Passagiere in die Stadt. Man schätzt, daß im Jahre 1995 alleine 300.000

McCarran International Airport

Touristen aus Deutschland, Österreich und der Schweiz am McCarran International Airport angekommen sind. Nach Erledigung der Einreiseformalitäten geht´s entweder zur gut ausgeschilderten Leihwagen-Abholung oder per Taxi ins Hotel. Eine preiswerte Alternative ist das Sammeltaxi. Bell Airport Transfer (Tel.: 739-7990) verlangt z.B. pro Person pauschal 3,50 US$ für Fahrten zu allen Strip-Hotels und 4,75 US$ für Fahrten zu allen Downtown-Hotels. Für den Niedrigtarif (etwas Trinkgeld wird erwartet) muß man unter Umständen mal ein paar Minuten warten und kleinere Umwege zu den Hotels der anderen Fahrgäste in Kauf nehmen.

Landweg

Wer auf dem Landweg anreist, kommt meistens vom Südwesten her auf dem Interstate Freeway 15 aus Los Angeles (310 Meilen = 500 km) oder vom Südosten auf dem Highway 93 aus Arizona (Kingman, Grand Canyon, Flagstaff, Phoenix). Sofern Sie aus San Francisco anfahren, gibt es mehrere Möglichkeiten:
Einmal auf dem Freeway 99 über Modesto, Merced, Fresno nach Bakersfield, von dort über den Highway 58 bis Barstow und dann auf den aus L.A. kommenden Freeway 15 nach Las Vegas. Hier besteht die Möglichkeit zu Abstechern in den Yosemite- und Sequoia-National-

park. Der landschaftlich äußerst reizvolle Durchbruch vom Yosemite - Nationalpark nach Bishop (mit Durchquerungsmöglichkeit des Death Valley) oder Tonopah (Highway 95) ist allerdings nur möglich, sofern der Tioga-Paß offen ist (meist nur zwischen Mitte Mai und Ende Oktober).
Ein anderer Weg führt auf dem Freeway 80 über Sacramento, Reno und einem kurzen Stück auf dem Highway 50 East bei Fallon auf den Highway 95, der Sie in südlicher Richtung direkt nach Las Vegas bringt.

US-Vertretungen im deutschen Sprachraum

Leser, die keine der oben aufgeführten Staatsbürgerschaften besitzen oder nicht zu rein touristischen Zwekken in die USA reisen, wenden sich an:

Amerikanisches Generalkonsulat in Deutschland,
Siesmayerstraße 21,
D-60323 Frankfurt / Main
Tel.: 069-7535-0,
7535-2204 od. 7535-2206
Fax: 069-7535-2260
(Montag - Freitag 9-11 und 13.00-15.30 Uhr)

Amerikanisches Generalkonsulat in den Niederlanden,
Museumsplein 19,
NL-1071 DJ Amsterdam,
Tel.: 020-5755-309,
Fax: 020-5755-310

Amerikanische Botschaft in Österreich,
Konsularabteilung,
Gartenbaupromenade 2,
A-1010 Wien,
Tel.: 01-31-339,
Fax: 01-513-4351

Amerikanische Botschaft in der Schweiz,
Konsularabteilung,
Jubiläumstraße 93,
CH-3005 Bern,
Tel.: 031-357 70 11,
Fax: 031-357 73 36

Deutschsprachige Vertretungen in den USA

Die deutsche Honorarkonsulin in Las Vegas, Frau Sigrid Sommer, erledigt für frischvermählte Staatsbürger aus Deutschland, Österreich und der Schweiz auf Wunsch die Anerkennungsformalitäten wie Registrierung *(Certified Copy)* und Besorgung der *Apostille* (internat. Echtheitsvermerk), wenn nötig auch im Schnellverfahren. Außerdem ist Frau Sommer die gute Seele für *in Not geratene Touristen aus dem gesamten deutschen Sprachraum* und hilft auch schon mal über die Pflichten ihres Amtes hinaus mit Rat und Tat:

Honorarkonsulat der Bundesrepublik Deutschland,
Sigrid Sommer,
925 E.Desert Inn Rd.,
Suite C,
Las Vegas, NV 89109,
Tel.: (702) 734-9700,
Fax: (702) 737-6900

Sigrid Sommer, deutsche Honorarkonsulin in Las Vegas

Übergeordnete Konsulate mit Geschäftsbereich Nevada sind:

Generalkonsulat der Bundesrepublik Deutschland,
1960 Jackson Street,
San Francisco, CA 94109,
Tel.: (415) 775-1061,
Fax: (415) 775-0187

Österreichisches Generalkonsulat,
11859 Wilshire Blvd.,
Suite 501,
Los Angeles, CA 90025,
Tel.: (310) 444-9310,
Fax: (310) 477-9897

Generalkonsulat der Schweiz,
456 Montgomery Street,
San Francisco, CA 94104,
Tel.: (415) 788-2272,
Fax: (415) 788-1402

Informationsstellen

Fremdenverkehrsamt der USA (für Deutschland, Österreich und die Schweiz) USTTA - United States Travel and Tourism Administration,
Platenstraße 1,
D-60320 Frankfurt / Main,
Tel.: 069-956 79 00
und 956 79 018
(Mo.-Fr. 9-13 Uhr)
Fax: 069-56 11 30

USA Ferienplaner Versanddienst,
Sporthallenstr. 7,
D-64850 Schaafheim
(Die vom US-Wirtschaftsministerium herausgegebene A-4-Broschüre enthält interessante Informationen über jeden einzelnen der 50 US-Bundesstaaaten. Bezug nur gegen Voreinsendung eines Verrechnungsschecks über DM 5,- oder Gegenwert in Briefmarken)

ADAC,
Touristische Beratung,
Am Westpark 8,
D-81373 München,
Tel.: 089-76 76-60 06,
Fax: 089-743 90 04
(ADAC-Mitgliedsnummer angeben und Tour-Set USA-Westküste mit Grand Canyon Nationalpark anfordern!)

Las Vegas Convention and Visitors Authority c/o Magnum Management GmbH
Herzogspitalstraße 5,
D-80331 München
Tel.: 089-26 78 95,
Fax: 089-260 40 09
(Versand recht brauchbarer und aktueller Broschüren über Shows, Messen und besondere Ereignisse in Las Vegas)

Las Vegas Chamber of Commerce,
711 East Desert Inn Road,
Las Vegas,
NV 89109-2797,
Tel.: (702) 735-1616,
Fax: (702) 735-2011
Nach der Ankunft vor Ort aufsuchen! Informationen über alle wichtigen Einrichtungen und Unternehmen der Stadt, Casinos, Shows, Motels und Hotels, ggf. auch Zimmer und Ticketvermittlung.

AAA - Automobile Association of America,
3312 W.Charleston Blvd., Las Vegas, NV 89102, Tel.: (702) 870-9171,
Nach Ankunft vor Ort aufsuchen und *Mitgliedskarte des heimatlichen Automobilclubs* vorlegen. Dafür gibt's kostenlos einen detaillierten Las Vegas Stadtplan und hervorragendes Kartenmaterial über Nevada und Kalifornien.

Flugverbindungen

Die CONDOR bietet als einzige Fluglinie eine Direktverbindung aus dem deutschen Sprachraum nach Las Vegas an: Jeden Montag geht's ab Köln in die Spielermetropole. Günstige Zubringerdienste werden für Passagiere aus Berlin, Frankfurt/Main, Hamburg, Leipzig und München angeboten. Der Flugpreis variiert je nach Abflugtermin und Ausgangsflughafen zwischen 1.250,- und 1.850,- DM.

Natürlich können Sie auch jeden beliebigen Billigflug in die USA buchen und davon ausgehen, daß von allen größeren Städten täglich mehrere Weiterflüge nach Las Vegas angeboten werden. Dabei muß für die einfache Strecke ab Flughäfen an der Ostküste mit etwa 200 bis 300 US$ und ab Flughäfen an der Westküste mit 100 bis 200 US$ gerechnet werden. Sinnvoll ist dies vor allem, wenn ein Zwischenstop in einer anderen Großstadt gewünscht wird. Sofern Sie mehr als zwei Städte in den

USA anfliegen wollen, sollten Sie sich unbedingt bei Ihrem Reisebüro nach den stark ermäßigten Strecken-Coupons (Heftchen mit 3-12 Tickets) folgender Airlines erkundigen: *Aloa, American, American West, Continental, Delta, Hawaiian, Northwest, Trans World, United* und *USAir.* Damit können Sie relativ preiswert in Miami Badeurlaub machen, in New York am Broadway schlendern, die Tante in Denver besuchen, die Straßen von San Francisco erleben und nach einem Abstecher zu den Inseln Hawaiis letztendlich in den Casinos von Las Vegas die Reisekasse wieder auffüllen. Die **Strecken-Coupons** dürfen allerdings nur **außerhalb der USA gekauft** werden und sind oft an die Buchung eines bestimmten Transatlantikflugs gebunden.

Reisebüros

Den CONDOR-Charterflug, der nach Ansicht der Autoren ein recht gutes Preis - Leistungsverhältnis bietet, können Sie getrost in Ihrem nächstgelegenen Reisebüro buchen.

Sparfüchsen, die auch mal Umwege und Wartezeiten in Kauf nehmen oder ganz bewußt über andere Destinationen fliegen wollen, können wir folgende Billiganbieter empfehlen:

LAST MINUTE TOURS,
Josephspitalstr. 15,
80331 München,
Tel.: 089-55 30 84
und -59 61 07,
Fax: 089-59 11 20

TRAVEL OVERLAND,
Barerstr. 73,
80799 München,
Tel.: 089-27 27 60,
Fax: 089-272 55 09

FLUGBÖRSE HAMBURG,
Grindelallee 138,
D-20146 Hamburg,
Tel.: 040-410 80 75,
Fax: 040-410 77 45

Wer tatsächlich in Las Vegas heiraten und nichts dem Zufall überlassen will, kann sich an folgende Spezialanbieter für Hochzeitsreisen wenden:

CA-FERNTOURISTIK,
Nymphenburger Straße 1
D-80335 München,
Tel.: 089- 545 50- 60
Fax: 089- 545 50- 419

INFINITY REISE CONSULTING,
Bayerstraße 95,
D-80335 München,
Tel.: 089-538 96 28,
Fax: 089-538 96 45

MEIER´s WELTREISEN (zu buchen in Ihrem Reisebüro).

Ausreise

Bei der Ausreise wird der in Ihren Paß eingeheftete Abschnitt des grünen I-94 W (Visa Waiver) - Formulars wieder an die US-Einwanderungsbehörde zurückgeführt. Falls Sie tatsächlich in Las Vegas den Jackpot geknackt haben, so denken Sie bitte daran, daß auch die Ausfuhr von mehr als 10.000 US$ in bar oder als Scheck beim US-Zoll zu rein statistischen Zwecken deklariert werden muß. Bürger der Bundesrepublik Deutschland, die mindestens 17 Jahre alt sind, dürfen folgende Waren zollfrei in die BRD einführen: Gegenstände, die während der Reise zu ihrem persönlichen Gebrauch bestimmt waren (Kleidung, Toilettenartikel, aus dem Heimatland mitgebrachte Fotoausrüstung ect.), 200 Zigaretten oder 100 Zigarillos oder 50 Zigarren oder 250g Rauchtabak, 1 Liter Spirituosen mit einem Alkoholgehalt von mehr als 22% Vol. (z.B. Whiskey) **oder** 2 Liter Spirituosen mit einem Alkoholgehalt von 22% Vol. oder weniger (z.B. kalifornischer Wein), 500g Röstkaffee oder 200g löslicher Kaffee, 50g Parfüm oder 0,25 Liter Toilettenwasser, andere Waren bis zu einem Gesamtwert von 350,- DM, ausgenommen Gold und Goldlegierungen.

Vorsicht ist geboten bei sämtlichen Tier- und Pflanzenarten und Produkten daraus, da deren Aus- und Einfuhr in den meisten Fällen dem Washingtoner Artenschutzübereinkommen unterliegt. So sind z.B. alle *Kakteen* und *Steinkorallen* sowie zahlreiche *Meeresmuscheln* geschützt.
Auch der im Souvenirladen einladend verpackte Zuchtkaktus darf ohne ausdrückliche Ausfuhrgenehmigung der US-Behörden und entsprechende Einfuhrgenehmigung der deutschen Behörden nicht in die Bundesrepublik gebracht werden. Die Besorgung dieser Papiere steht - soweit überhaupt möglich - meist in keinem Verhältnis zum Wert des Souvenirs. Wird derartige Ware am deutschen Zoll entdeckt, so wird diese beschlagnahmt und meist ein saftiges Bußgeld verhängt.

Gesundheitsvor- und -fürsorge

Flugangst

Nicht selten wird die Urlaubsfreude durch eine mehr oder minder stark ausgeprägte Flugangst getrübt. Betroffen sind nicht nur Erstflieger, sondern durchaus auch Vielflieger, die einmal während eines Fluges mit Unregelmäßigkeiten konfrontiert wurden und seither unter einem Trauma leiden.
Flugangst (Aviaphobie) kann heute jedoch geheilt oder beträchtlich gemindert werden. In Zusammenarbeit mit der Deutschen Lufthansa AG bietet die Münchner Agentur Silvia Texter im In- und Ausland mit guter Erfolgsquote *Seminare für entspanntes Fliegen* an. Termine, Orte und Informationen erhalten Sie bei:
AGENTUR
SILVIA TEXTER,
Hohenstaufenstr. 1,
D-80801 München
Tel.: 089-39 17 39
Fax: 089-33 60 04

Impfungen

Für die Einreise in die USA sind keine Impfungen vorgeschrieben. Dennoch ist jede größere Auslandsreise ein guter Grund, den Impfschutz gegen *Tetanus* (Wundstarrkrampf), *Diphterie* und *Poliomyelitis* (Kinderlähmung) zu überprüfen und ggf. zu erneuern.

Sonne

Die Sonneneinstrahlung ist in ganz Nevada sehr intensiv. Je nach Hauttyp sollten Sie sich daher gut mit Sonnencreme und Lippenpomade schützen und Ihren Körper langsam an die UV-Strahlen gewöhnen. Bleiben Sie am ersten Bade- oder Ausflugstag nicht länger als 15 Minuten an der Sonne! Sonnenschutzmittel mit den gängigen Lichtschutzfaktoren gibt es in jedem Supermarkt oder Drugstore. Die typisch amerikanischen Baseballkappen (Schirmmützen) helfen recht gut, immer kühlen Kopf zu bewahren. Was aber, wenn's nun mal passiert ist? Abends rötet sich die Haut, beginnt zu brennen und zu jucken? Meist können Sie Schlimmeres verhindern, indem Sie Ihrer Haut sofort bei den ersten Anzeichen dieser Art soviel Flüssigkeit wie möglich zuführen. Kaum ein natürlicher Feuchtigkeitsspender eignet sich dafür so gut, wie das in den USA in jedem Drugstore erhältliche Aloe Vera. Das Gel sollte allerdings bis zum Abklingen der Symptome stündlich aufgetragen werden und weitere Sonnenexpositionen sind in dieser Zeit zu vermeiden.

Wasser

Das Leitungswasser hat in allen größeren Hotels und Motels Trinkwasserqualität, obgleich es etwas fade und manchmal auch nach Chlor schmeckt. In Billigherbergen findet man gelegentlich auch Rostpartikelchen aus dem Rohrleitungssystem im Wasser. Deutlich besser ist das frische Quellwasser, das es gefiltert und natriumarm in allen großen Supermärkten für rund 1 Dollar pro Gallone (3,79 l) zu kaufen gibt. Sofern Sie längere Ausflüge in trockene Wüstengegenden oder eine Durchquerung des Tals des Todes (Death Valley) planen, sollten Sie unbedingt ausreichend Trinkwasser, am besten 1 Gallone pro erwachsene Person und Tag und eine zusätzliche Gallone für den Kühler Ihres Autos dabei haben.

Reizüberflutung

Für die echte Spielernatur klingt es wie Musik in den Ohren: Das laute Klingelrasseln und Geldgeklimpere der Slot-Maschinen, die teilnahmsvollen Stimmen an den Spieltischen und die Musik der zahlreichen Live-Bands. Auf der Straße läßt dann das ständige Flackern der Neonröhren und Blinken Tausender von Lämpchen im wahrsten Sinne des Wortes das Herz höher schlagen. Manche macht die permanente Überflutung mit potentiellen optischen und akustischen Reizen aber auch krank. Kopfschmerzen bis zur Migräne und Übelkeit bis zum Erbrechen sind die Folge. Wer derartige Symptome bei sich feststellt, sollte einfach

So mancher braucht mal eine Pause

mal einen halben oder ganzen Tag dem Trubel der Metropole entfliehen und einen der wunderschönen Naturparks vor den Toren der Stadt aufsuchen. Außerdem empfiehlt es sich, die Aufenthaltszeiten in den Spielhallen auf ein Maß zu begrenzen, das Körper und Seele gut verkraften können.

Ärzte und Krankenhäuser

Die medizinische Versorgung in den USA ist ganz hervorragend, last not least wegen der wesentlich stärker als in Europa ausgeprägten Spezialisierung der Ärzte.
In der Uniklinik der UNLV (University of Nevada, Las Vegas) finden Sie alle erdenklichen Fachrichtungen.
Unter *hospital* versteht man ein Krankenhaus, unter *clinic* dagegen eine größere Arztpraxis oder Praxisgemeinschaft.

Deutschsprechender
Allgemeinarzt:
Dr. Christian Stroermer,
2080 E.Flamingo Rd.,
Suite 317,
Tel.: (702) 796-6551,
Las Vegas, NV 89119

Zahnärztin:
Dr. Caroline A. Bobbett,
4245 E.Charleston Blvd.,
Las Vegas, NV 89104
Tel.: (702) 457-6787

Apotheken

Apotheken (Pharmacies) sind häufig in Supermärkte und Drugstores integriert und bis 21 Uhr offen.
WHITE CROSS DRUGS, 1700 Las Vegas Blvd. South, Las Vegas, NV 89104, Tel.: (702) 382-1733, hat von 7 Uhr morgens bis 1 Uhr nachts geöffnet.

Krankenversicherung

Die gesetzlichen Krankenversicherungen in Deutschland, den Niederlanden, Österreich und der Schweiz zahlen nicht für ärztliche Behandlungskosten in den USA.
Sofern Sie privat versichert sind, fragen Sie bitte Ihren

Versicherer, ob Sie während der Dauer Ihrer USA-Reise abgesichert sind.
Inhaber von Gold-Card-Kreditkarten erwerben mit der Zusatzgebühr gegenüber der normalen Kreditkarte in der Regel auch einen Auslandskrankenschutz, sofern die Reise nicht länger als 6 Wochen dauert. Für eine relativ geringe Gebühr können Sie sich und Ihre Familie in jeder ADAC-Geschäftsstelle versichern. Den ADAC-Auslandskrankenschutz gibt's auch für Nichtmitglieder und ausländische Staatsbürger. Er bietet außer im Heimatland des Versicherungsnehmers weltweit Versicherungsschutz.

Sicher reisen

An keinem Ort der Welt wechselt Tag und Nacht soviel Bargeld den Besitzer wie in Las Vegas. Klar, daß sich hier auch der eine oder andere Ganove gern etwas vom großen Kuchen abschneiden würde. Dennoch ist Las Vegas ein relativ sicheres Urlaubsziel.
Die Polizeikräfte der Stadt sind nicht nur per pedes und Automobil auf Streife, sondern nutzen in Las Vegas auch so unkonventionelle Fortbewegungsmittel wie Mountain-Bikes, um z.B. in Fußgängerzonen und Hinterhöfen stets präsent zu sein. Darüber hinaus unterhält jedes Hotel und Casino eine ganze Armada schwerbewaffneter und gut geschulter Security-Leute.
Schießereien, wie sie noch Anfang dieses Jahrhunderts im Wilden Westen an der Tagesordnung waren, sind heute glücklicherweise äußerst selten geworden. Dennoch sollten Sie einige wichtige Verhaltensregeln beachten, damit Ihr Traumurlaub nicht zum Alptraum wird:

- Fahren Sie vor allem nachts *nicht auf abgelegenen Seitenstraßen* und *meiden Sie die Gegend östlich der Fremont-Street.*

- *Verriegeln Sie während des Autofahrens generell*

Das Auge des Gesetzes ist allgegenwärtig!

Fenster und Türen damit Sie beim Anhalten, z.B. an einer roten Ampel, nicht zur leichten Beute werden.

• Deponieren Sie Flugticket, Paß, Reiseschecks, größere Mengen Bargeld und Wertsachen stets im *Hotel-Safe.*

• Hängen Sie nie Ihre Jacke mit Brieftasche oder Ihre Handtasche über Ihren Stuhl, während Sie spielen!

Große Mode sind derzeit in Las Vegas Bauchtaschen, die mit einem breiten Gürtel am Körper befestigt werden. Hier hat viel Kleingeld Platz und es gehört schon eine Menge krimineller Energie dazu, um dieses Wertdepot gewaltsam zu entreißen. In keinem Fall gehört jedoch der Reisepaß in die Bauchtasche! Wer noch sicherer gehen will, verwendet einen unter der Kleidung getragenen Brustbeutel und wechselt bei jedem Casinogang Bares in Chips und am Ende wieder zurück in Bares.
Wenn nun trotz aller guten Ratschläge der Paß weg ist oder Sie gar aus irgendeinem Grund einmal selbst hinter Gittern landen, so wenden Sie sich am besten an die Honorarkonsulin der Bundesrepublik Deutschland, Frau Sigrid Sommer (Telefon und Adresse siehe vordere Umschlag-Innenseite).

Mit Kindern unterwegs

Reisen mit Kindern ist in den USA generell kein Problem. Die Amerikaner sind sehr kinderfreundlich und - im Gegensatz zu vielen mitteleuropäischen Ländern - allerorts auf die Bedürfnisse der Kleinen eingestellt:

• Jedes Restaurant verfügt über eigene Kindersitze (in der Regel wird der *high chair* unaufgefordert gebracht).

• Kinder bis zu 3 Jahren zahlen an den meisten Buffets nichts.

• Alle großen Leihwagenfirmen stellen auf Verlangen Auto-Kindersitze für eine Gebühr von ca. 3-5 US$ pro Tag bereit.

• Die meisten Hotels stellen kostenlos oder gegen geringe Gebühr ein Kinderbett *(crib)* in Ihr Zimmer.

• In jedem Supermarkt erhalten Sie Fläschchen, Schnuller, Babynahrung und gute Markenwindeln, in jedem größeren Kaufhaus Spielzeug vom Matchbox-Auto bis zur Barbie-Puppe - und das alles in *größerer Auswahl* und dazu noch *deutlich billiger* als in Europa.

Das *Circus Circus* war der erste familienfreundliche Casino-Hotel-Komplex in Las Vegas. Im Mittelgeschoß des Casinos werden zahlreiche Geschicklichkeitsspiele für Kinder verschiedener Altersklassen angeboten und mehrmals täglich kostenlose Zirkusnummern aufgeführt. Inzwischen bieten alle großen *"Theme-Hotels"* am Strip, wie *Excalibur, Luxor, MGM-Grand* und *Treasure Island* eine ganze Reihe von besonderen Attraktionen für Kinder an.

Darüber hinaus gibt es in der Stadt mehrere Museen, die auch oder gerade Kinder begeistern. Im *Lied Discovery Children´s Museum* dürfen die Kleinen genau das, was in anderen Museen verboten ist: alles (über 100 reagierende Ausstellungsstücke) anlangen und mit dem eigenen Experimentiertrieb erforschen. Ganz in der Nähe, im *Natural History Museum,* warten überlebensgroße Dinos und Haie auf die kleinen Fans (Lage und Öffnungszeiten s. Kap. Museen, S. 138).

In Vorort Henderson lassen vor allem *Kidd´s Marshmallow Factory* und *Ron Lee´s World of Clowns* die Kinderherzen höherschlagen (siehe Seite 139).

Der *Wet´n Wild* Wasserpark am Strip (s. S. 135) bietet neben zahlreichen Wasserrutschen auch ein eigenes Abenteuer-Pool für Kinder .

Übrigens: Kinder vertragen das Klima in Las Vegas in

Karussell in Ron Lee´s World of Clowns, Henderson

der Regel recht gut. Dennoch sollten Sie unbedingt darauf achten, daß ihre Lieben an heißen Tagen *regelmäßig viel trinken,* am besten Tee, Mineralwasser und Fruchtsäfte. Außerdem darf auch bei kurzzeitiger Sonnenexposition die hohe Intensität der UV-Strahlung nicht unterschätzt werden: *Sonnencremes mit hohem Lichtschutzfaktor* schützen die zarte Baby- und Kinderhaut und sind in jedem Drugstore erhältlich.

Last not least ein Service, den alle Eltern zu schätzen wissen, die gerne mal abends alleine auf Tour gehen oder eine der vielen Mega-Shows genießen möchten: **Babysitting.** Eine zuverlässige Kinderbetreuung können Sie entweder über die Rezeption Ihres Hotels engagieren oder selbst anrufen:

Around the Clock Child Care, Tel.: 1-800-798-6768 oder (702) 365-1040;

Las Vegas Babysitting Service, Tel.: (702) 791-7045 (gut und preiswert!).

Nevadas Staatskennzeichen

So kurz die Geschichte Nordamerikas ist, so traditionsverbunden sind auch die Amerikaner. Jeder Staat hat nicht nur eine eigene Flagge und ein eigenes Siegel, sondern auch mindestens ein offizielles Staatstier, einen Staatsvogel, einen Staatsbaum, eine Staatsblume und einen Staatsslogan (Motto).

Das **Staatssiegel** symbolisiert den Eisenbahnbau, den Bergwerksbau und die Landwirtschaft und steht unter dem Motto *"all for our country"*.

Die **Staatsflagge** zeigt auf blauem Grund einen silbernen Stern, der von zwei Beifuß-Zweigen und der goldenen Aufschrift *Nevada* und *Battle Born* eingefaßt wird.

Staatsvogel:
Berg-Blaukehlchen;
Staatstier:
Großhorn-Wüstenschaf;
Staatsbaum:
einblättrige Pinie;
Staatsblume: Beifuß

Jeder der 50 amerikanischen Bundesstaaten wird durch

einen eigenen **Slogan** gekennzeichnet, den Sie meist auf der Umrandung der Kfz-Kennzeichen finden. Nevada ist bekannt als *The Silver State* und *The Sagebrush State* (Anm.: sagebrush = Beifuß). Das offizielle **Staatsmotto** lautet jedoch seit 1937 *The Battleborne State.*

Die **postalische Kennung** lautet NV - und dahinter die fünfstellige Postleitzahl.

Klima, Kleidung, Reisegepäck

Mit rund 320 Sonnentagen im Jahr könnte sich Nevada genausogut *The Sunshine State* nennen, aber diesen Slogan hat sich schon Florida auf die Fahne geschrieben.

Die Jahresdurchschnittstemperaturen liegen um 20° Celsius (68° Fahrenheit), wobei das Quecksilber im Sommer nicht selten über mehrere Tage und Wochen um die 40° Celsius (104° Fahrenheit) pendelt. Die Luftfeuchtigkeit im Jahresmittel beträgt knapp 30% und ist damit relativ niedrig. Die angenehmste Reisezeit liegt zwischen *April und Juni* sowie zwischen *September und November.*

Unter **Tel.: 0190- 270737** (BRD) und Angabe des Codes für Las Vegas = **387** hören Sie eine *Wettervoraussage* für die nächsten 5 Tage.

Wer den auf der Strecke nach San Francisco gelegenen Yosemite-Nationalpark mit ins Reiseprogramm pakken will, sollte daran denken, daß der Park und *die meisten Pässe im Westen Nevadas in der Regel zwischen Ende September und Anfang Mai wegen Schneefalls gesperrt sind.* Genau in dieser Zeit können Sie dafür - eine Autostunde von Las Vegas entfernt - am Mt. Charleston Skifahren.

Neben leichter, atmungsaktiver Kleidung und Badeutensilien empfiehlt sich auch in den Sommermonaten die Mitnahme einer warmen Wolljacke, sei es für die kühlen Nächte, Ausflüge in kältere Regionen oder einfach nur, um in Restaurants mit zu stark aufgedrehter Klimaanlage eine Erkältung zu vermeiden. Wer in den meist milden Wintermonaten reist, sollte etwas mehr warme Kleidung im Reisegepäck haben. Hotelhallen und Spielcasinos sind übrigens Sommer wie Winter und Tag und Nacht gleich angenehm klimatisiert.

Im Gegensatz zu europäischen Gepflogenheiten wird weder am Spieltisch noch in Nobel-Restaurants noch in den besten Shows formelle Kleidung wie Anzug und Krawatte, Abendkleid oder gar Frack vorgeschrieben. Als einzige Kleiderordnung gilt: *Shoes and Shirts required!* Wem es jedoch Freude macht, sich elegant zu kleiden, der darf und sollte das auch tun. Gerade dieses bunte Mosaik aus dickbäuchigen Touristen in T-Shirts und grellfarbigen Bermuda-Shorts zwischen Paaren im Hochzeitskleid und -anzug, spindeldürren Gestalten in ausgewaschenen Jeans und feinen, elegant gekleideten Ladies and Gentlemen spiegelt den Traum eines freien, toleranten Amerikas besonders deutlich wider.

Klimatabelle Las Vegas

Monat	Temp.°C Min./Max.	Luftfeuchtigk. vorm./nachm.	Niederschlag mm	Sonne %
Januar	0°C/13°C	41%/30%	13mm	77%
Februar	3/19	36/26	12	80
März	6/20	30/22	10	83
April	9/25	22/15	6	87
Mai	15/31	19/13	6	88
Juni	20/37	15/10	2	92
Juli	24/40	19/15	11	87
August	23/38	14/18	14	88
Sept.	18/34	23/17	8	91
Okt.	12/27	25/19	6	87
Nov.	5/19	33/27	11	80
Dez.	0/14	41/33	8	77

Zahlungsverkehr

Währung, Zahlungsmittel/Geldwechsel, Überweisungen

US-Dollarnoten - umgangssprachlich auch *Greenbacks* oder *Bucks* genannt - gibt es in Werten zu 1, 2, 5, 10, 20, 50, 100, 500 und 1.000 US$. Alle Banknoten haben dieselbe Größe und Farbe. Wir empfehlen daher, die Noten schon in der Geldbörse nach Werten zu sortieren, z.B. kleine Werte vorne und große hinten. Der 100-Dollar-Schein ist übrigens die am häufigsten gefälschte Banknote der Welt und wird deshalb bei Kleineinkäufen gar nicht so gerne gesehen und oft gründlich unter die Lupe genommen. Münzen gibt's zu 1 Cent (Penny), 5 Cents (Nickel), 10 Cents (Dime), 25 Cents (Quarters), 50 Cents und 1 Dollar. 1 Cent ist der hundertste Teil eines Dollars. Scheine zu 2 Dollar sowie Münzen zu 50 Cents und 1 Dollar gelten als Rarität. Der Dime (10 Cents) ist kleiner als der Nickel (5 Cents). Der Quarter (25 Cents) ist die am häufigsten benötigte Münze. Die meisten der über 100.000 Spielautomaten von Las Vegas "fressen" am liebsten *Quarters.* Außerdem paßt die Münze auch in jeden Zigaretten-, Kaffee- oder Waschautomaten sowie in alle Münzfernsprecher.

Nirgends sitzt das Bargeld so locker wie in Las Vegas

Wer sparen will, sollte aus dem Heimatland nur eine geringe Menge Bargeld - gerade ausreichend für den Ankunftstag - mitnehmen. Der Wechselkurs für *Bargeld (Sortenkurs)* ist stets deutlich ungünstiger, als der Wechselkurs für *bargeldlose Zahlungsmittel (Devisenkurs),* der z.B. für US$-Reiseschecks und Kreditkarten Anwendung findet. *US$-Travelers Cheques* können in jeder Bankfiliale bestellt werden und sind in den meisten Bankzentralen sofort verfügbar. Bei Entgegennahme müssen Sie jeden Scheck unterschreiben. Sie können US$-Reiseschecks in jeder Bank in den USA ohne Gebührenverlust zu Bargeld machen, indem Sie den Scheck an der dafür vorgesehenen Stelle ein zweites Mal unterschreiben und Ihren Paß vorlegen.

Kreditkarten sind noch handlicher und sicherer als Reiseschecks und für USA-Reisen unbedingt zu empfehlen. Die mit Master Card liierte Eurocard, VISA und American Express werden überall akzeptiert. Diners Club findet man dagegen in den USA eher selten. Kreditkarten eignen sich ausgezeichnet zum Bezahlen von Hotelrechnungen, Charterflügen und Mietwagen. Die Provision an die Kartenorganisation trägt immer die annehmende Stelle, bei der Abrechnung wird der günstigere Devisenkurs zugrunde gelegt und die Abbuchung erfolgt in der Regel erst Wochen nach dem Karteneinsatz. Außerdem bietet die Kreditkarte *finanziellen Rückhalt* bei Krankheit, Unfall oder anderen, unvorhergesehenen Notfällen.

Bei *Barabhebungen mit Kreditkarten (Cash Advance)* ist dagegen Vorsicht geboten: Zum einen sollten Sie sowohl Ihren Verfügungsrahmen als auch die Auszahlungshöchstgrenzen und die Auszahlungsfrequenz Ihrer Kartenorganisation kennen, zum anderen müssen Sie je nach auszahlender Bank oder benutztem Geldautomaten mit Gebühren von 2-4% rechnen.

Um den *Bargeldvorrat* für alltägliche Kleinausgaben wie Buffets, Souvenirs,

Filme, Postkarten, Spiele und Shows sicherzustellen, fährt man mit US$-Reiseschecks und deren stückchenweisem Eintausch am günstigsten. Sollte Ihnen tatsächlich einmal das eigene Spielfieber oder gar ein Ganove den letzten Penny geraubt haben, so gibt's auch noch die Möglichkeit, sich von lieben Verwandten oder Bekannten blitzschnell Bares über den großen Teich schicken zu lassen: An allen Postämtern mit Postbankservice sowie den Filialen der DVB-Banken (geöffnet meist 6.00 Uhr bis 21.30 Uhr) an allen größeren Bahnhöfen und Flughäfen können Sie über die US-Telegraphengesellschaft WESTERN UNION innerhalb weniger Minuten Geld in die USA transferieren. Genaue Auskünfte zum Ein- und Auszahlungsverfahren sowie zu den anfallenden Gebühren erhalten Sie in Deutschland unter Tel. 069-264 82 01 oder 089-551 08 37 und in den USA unter 1-800-325-6000 (gebührenfrei). Bei der Auszahlung müssen Sie entweder Ihren Paß vorlegen oder eine Identitätsfrage (z.B. Geburtsname Ihrer Mutter) beantworten. In Las Vegas gibt es alleine über 80 WESTERN UNION Vertretungen. Bitte nennen Sie dem Überweiser in Deutschland unbedingt die gewünschte Auszahlungsstelle. Günstig gelegen und 24 Stunden geöffnet sind: WESTERN UNION Telegraph Company (Downtown), 517 Fremont Street, Las Vegas, NV 89101, Tel.: (702) 385-3593 und WESTERN UNION at Barbary Coast (am Strip Ekke Flamingo Rd.), 3595 Las Vegas Blvd. S., Las Vegas, NV 89109, Tel.: (702) 731-1876. Die Gebühren richten sich nach der Höhe des Überweisungsbetrags.

Steuer

Auf alle Waren außer Lebensmittel zahlt man in Las Vegas zur Zeit 7% Umsatzsteuer *(sales tax)*, auf Hotelzimmer 8% Umsatzsteuer und auf Eintrittskarten für

Shows 10% Vergnügungssteuer *(entertainment tax)*. Im Gegensatz zu den gewohnten Gepflogenheiten im deutschen Sprachraum sind diese Steuern nicht im ausgewiesenen Preis enthalten, sondern werden diesem stets hinzugeschlagen. Kurios ist auch die Besteuerung von Gewinnen. Das Gesetz von Nevada unterscheidet dabei zwischen Tischspielen *(table games)* wie Baccarat, Blackjack, Craps, Poker und Roulette und allen anderen Spielarten. Gewinne bei Tischspielen müssen nicht versteuert werden. Von den meisten ausländischen Staatsbürgern, u.a. aus **Österreich** und der **Schweiz,** werden dagegen bei Nicht-Tischspielen (z.B.: Bingo, Keno, Slot Machines, Video-Blackjack, Video-Poker) und Einzelgewinnen über 1.200 US$ 30% Gewinn-Steuer einbehalten! **Deutsche, Niederländer** (und andere NATO-Partner) sind von dieser Steuer befreit, müssen jedoch mit einer Kontrollmitteilung an die Steuerbehörde ihres Landes rechnen.

Trinkgelder

Die Angestellten im amerikanischen Dienstleistungsgewerbe sind stärker auf das Trinkgeld (*tip* oder *gratuity*) angewiesen, als ihre europäischen Kollegen. Bedienungen erhalten meist kein oder sehr wenig Fixum. Der Arbeitgeber geht davon aus, daß z.B. ein guter Ober genügend Trinkgeld erwirtschaftet, um alleine davon leben zu können. In Restaurants werden daher 15-20% vom Rechnungsbetrag erwartet, bei Buffets, wo sich die Tätigkeit des Bedienungspersonals vorwiegend auf das Servieren der Getränke und das Abräumen der Tische beschränkt, genügt 1 US$ pro Person.

1 US$ ist auch das gängige Minimum pro Gepäckstück für den Hotelpagen *(Bell Boy / Bell Hop)* oder pro Person und Tag für das Zimmermädchen *(Room Maid)*. Taxifahrer und Friseure erwarten ebenfalls etwa 15% Trinkgeld.

Sprache

In Las Vegas arbeiten nicht wenige Deutsche, Österreicher und Schweizer im Hotel- und Gaststättengewerbe, die gerne bei Sprachschwierigkeiten z.B. an der Rezeption einmal weiterhelfen. Im großen und ganzen werden jedoch gewisse Grundkenntnisse der englischen Sprache bei Besuchern der USA vorausgesetzt. Die Mitnahme eines kleinen, handlichen Sprachführers - der Fachhandel bietet jede Menge Auswahl - kann nur von Vorteil sein. Für diejenigen Leser, die des Englischen recht gut mächtig sind, empfehlen wir das im Langenscheidt Verlag erschienene Büchlein *Teste Dein Amerikanisch* (ISBN 3-468 385-08-0). Das Werk geht in ansprechender Quiz-Form auf die Besonderheiten der amerikanischen Sprache ein.

Volljährigkeit

Die Bürger von Nevada werden ebenso wie Deutsche, Österreicher und Schweizer mit 18 Jahren volljährig, d.h. sie dürfen in diesem Alter wählen, alleine ein Fahrzeug steuern, für's Vaterland in den Krieg ziehen, heiraten und vieles mehr. Zwei Dinge dürfen sie aber nicht: spielen und alkoholische Getränke kaufen oder in der Öffentlichkeit konsumieren. Dafür müssen *Einheimische und ausländische Besucher* das **21. Lebensjahr** vollendet haben. Da Casinobesitzer mit drastischen Strafen bis zum Entzug ihrer Lizenz rechnen müssen, wird die Verordnung streng kontrolliert. Im Zweifelsfall sollten Sie sich ausweisen können...

Zeitverschiebung

Zieht man von der im deutschen Sprachraum gültigen mitteleuropäischen Zeit (MEZ) 9 Stunden ab, so erhält man die in Las Vegas gültige *Pacific Standard Time*. Wenn Sie also um 9.00 Uhr früh aus Las Vegas zu Hause anrufen, ist es in Deutschland, den Niederlanden, Österreich und der Schweiz gerade 18.00 Uhr. In den USA gilt vom ersten Sonntag im April bis zum letzten Sonntag im Oktober die *Daylight Saving Time (DST)*. Da auch in Europa für den größen Teil dieses Zeitraums Sommerzeit gilt, bleibt der Zeitunterschied erhalten, abgesehen von wenigen Tagen zu Beginn und am Ende der DST.

Zeitangabe

In den USA wird die Uhrzeit in Stunden von 12-11 Uhr *vor*mittags (a.m. = ante meridiem) und von 12-11 *nach*mittags (p.m. = post meridiem) angegeben. 9.00 Uhr früh heißt also 9 a.m. und 21.00 Uhr gibt man mit 9 p.m. an. Mittags = 12 p.m. = noon, Mitternacht = 12 a.m. = midnight.

Stromspannung

In den USA kommen nur **110 V**, also die Hälfte der in Mitteleuropa üblichen 220 V aus der Steckdose. Die Frequenz des Wechselstroms liegt bei **60 Hertz.** Es genügt leider nicht, wenn Sie Ihren Rasierapparat oder Haarfön zwischen 220 und 110 Volt umstellen können. Sie benötigen unbedingt einen Adapter mit *US-Blattstecker,* der im Fachhandel in Deutschland (auch in ADAC-Geschäftsstellen), Österreich und der Schweiz meist leichter zu bekommen ist als in den USA.

Wäscheservice

Jedes größere Hotel bietet Wäscheservice an. Was vor 9 Uhr morgens beim Zimmermädchen abgegeben wird, ist oft noch am gleichen Tag fertig.
Deutlich preiswerter und kommunikativer ist es natürlich, die Wäsche in einem der vielen, über die ganze Stadt verteilten Wachsalons selbst

zu waschen. Wir fanden's immer recht lustig bei MR. SUD´s LAUNDROMAT (Inh. Bob Marburger), 2305 Eastern Ave / Ecke Sahara Ave, geöffnet täglich von 9 bis 20 Uhr.

Post

Eine Luftpostkarte aus den USA nach Europa kostete bei Redaktionsschluß 0,50 US$ (kleines Format) oder 0,60 US$ (großes Format). Für einen Luftpostbrief zahlte man bis zu 1/2 Unze Gewicht (ca. 14 g, etwa 2 Blätter mit Umschlag) 0,60 US$ und bis zu 1 Unze Gewicht (28,35 g) 1,00 US$. Briefkästen finden Sie entweder in Ihrer Hotel-Lobby oder an der Rezeption. Die Leerung bzw. Abholung erfolgt in der Regel 1-2 mal täglich.

Nur *ein Postamt* in Las Vegas hält *postlagernde Sendungen* bereit, die nach folgendem Muster adressiert sein sollten:

United States Post Office, Downtown Station

Herrn Fritz Spieler
c/o Post Office Downtown Station
General Delivery
301 East Stewart Ave
Las Vegas, NV 89125
U.S.A.
Dieses Postamt liegt direkt neben dem Downtown Transportation Center und ist Mo.-Fr. von 9-17 Uhr und am Samstag von 9-13 Uhr geöffnet, Tel.: (702) 385- 8944 oder (702) 385-8945. Postlagernde Sendungen können allerdings nur Mo.-Fr. zwischen 10 und 15 Uhr abgeholt werden.
Gut erreichbar ist auch die *Post Office Strip Station,* 3100 South Industrial Road, Las Vegas, NV 89114, Tel.: (702) 735-2525.
Übrigens: Die staatliche Post und die ausschließlich privaten Telefongesellschaften haben in den USA nichts miteinander zu tun. Erwarten Sie also nicht, im Postamt ein Telefon zu finden.

Telefon

Die Telefonvorwahl aus Deutschland, Österreich und der Schweiz lautet für die **USA 001-**. Die Ortsvorwahl von **Las Vegas** ist **702-**, anschließend folgt eine dreistellige und dann eine vierstellige Nummerngruppe. Sofern Sie aus den USA nach Europa telefonieren wollen, wählen Sie
für **Deutschland 011-49**,
für die **Schweiz 011-41** und
für **Österreich 011-43**,
anschließend die Ortsvorwahl ohne die erste "0" und dann die Nummer des gewünschten Anschlusses. Sofern Sie genügend Quarters dabei haben, können Sie aus jedem Münzfernsprecher *(Payphone)* direkt nach Hause telefonieren. Nach dem Abheben werfen Sie zunächst 1 Quarter ein, damit Ihr Wählvorgang überhaupt angenommen wird. Dann haben Sie 3 Möglichkeiten:
1. Sie wählen nach dem oben beschriebenen Schema durch. Am Ende des Wahlvorgangs sagt Ihnen eine Computerstimme, wieviel Sie für die

ersten drei Gesprächsminuten bezahlen müssen. Nach Einwurf des Betrags können Sie sprechen.

2. Sie wählen **"O" für Operator**, geben die gewünschte Rufnummer durch und lassen sich vermitteln. In diesem Fall erzählt Ihnen der Operator, was das Gespräch für die ersten drei Minuten kostet und stellt die Verbindung nach Einwurf der Münzen her. Falls Sie länger als drei Minuten sprechen, sagt Ihnen der Operator zwischendurch, wieviel Sie nachwerfen müssen, damit das Gespräch nicht unterbrochen wird. Sofern Sie nur geringfügig überziehen, kann es sein, daß der Operator Sie nach Gesprächsende in der Telefonzelle anruft und um Nachzahlung bittet.

3. Der eleganteste und meist gebührengünstigste Weg ist das Telefonieren mit einer **Telefon-Kreditkarte**, die Sie sich allerdings schon rechtzeitig (2-4 Wochen) vor Ihrer Abreise aus Europa besorgen sollten. Nähere Informationen hierzu erhalten Sie bei den großen Telefongesellschaften *AT&T (Tel. in D: 069-15 306-370)* und *Sprint (Tel. in D: 069-66 539-211).*
Telefonkarten mit einem festen Gutschriftenbetrag von 10, 20 oder 50 US$ erhalten Sie in zahlreichen Souvenirläden und Supermarktketten, z.B. im *Seven-Eleven* (Tankstelle und Supermarkt, meist 24 Stunden geöffnet). Sollten Sie fast alles am Spieltisch verloren haben, so können Sie mit einer einzigen Münze unter "0" den Operator anwählen und um ein R-Gespräch *(Collect Call)* bitten. Sofern der Angerufene die Frage der Kostenübernahme mit einen klaren "yes" bestätigt, können Sie auf dessen Kosten sprechen, solange Sie wollen. In den USA sind alle Telefonnummern, die mit **1-800** beginnen, gebührenfrei, während Nummern mit **1-900** am Anfang erhöhte Gebühren zu Lasten des Anrufers einziehen.

Mit Ausnahme von R-Gesprächen sind *Telefonate aus den USA nach Europa in der Regel günstiger* als umgekehrt.

Presse, Rundfunk und TV

Die Lokalblätter *Las Vegas Review Journal* und *Las Vegas Sun* sowie die überregionalen Tageszeitungen *Los Angeles Times* und *USA Today* findet man in zahlreichen Verkaufsständern in der ganzen Stadt. Ebenso jede Menge mit Anzeigen gespickte, kostenlose Besucher-, Freizeit- und Spielermagazine sowie Sexblättchen mit zweifelhaften Nepp-Angeboten.
Deutschsprachige Zeitschriften und Zeitungen sind kaum aufzutreiben.
Las Vegas verfügt über 6 lokale Fernsehsender und etwa doppelt soviele Rundfunkstationen.
Die *University Station* strahlt sonntags zwischen 11 und 12 Uhr auf 91,5 MHz unter dem Titel *Memories of Germany* eine deutsche Musiksendung aus. Mit einem guten Weltempfänger können Sie die *Deutsche Welle* mit hoher Wahrscheinlichkeit auf den Kurzwellen-Frequenzen 6075 und 6085 kHz zwischen 18.00 und 22.00 Uhr Ortszeit empfangen. Auch sind Teile des Fernsehprogramms der Deutschen Welle in einigen großen Hotels zu sehen. Umfassende Auskünfte erhalten Sie bei der Technischen Beratung der Deutschen Welle in Köln,
Tel.: 0221-389 3208,
Fax: 0221-389 3220.

Fotografieren und Videoaufnahmen

Las Vegas bei Nacht - die im Schein millionenfacher Lämpchen und Neonröhren erstrahlende Spielermetropole läßt die Herzen aller Fotografen und Video-Fans höher schlagen.
Da das stärkste Blitzlicht nicht ausreicht, um z.B. ein 100 m entferntes Casino oder gar den ganzen Strip auszuleuchten, sind *ein Stativ, hochempfindliche Filme und lange Belichtungszeiten* zu empfehlen. Die besten Aufnahmen können Sie etwa **1/2 Stunde vor Sonnenuntergang** machen, wenn die Leuchtreklamen schon ein-

Eher selten: Spielaufsicht und Pokergirl posieren für ein Foto

geschaltet sind und das Dämmerlicht noch ein wenig den Hintergrund erhellt.

Fotografieren innerhalb der Casinos ist so ein Thema für sich: Die meisten Hotels befürchten, daß sich die Gäste durch Fotoaufnahmen in ihrer Spielleidenschaft gestört fühlen oder daß gar der herngesehende Topmanager aus Los Angeles, der seit Jahren die Wochenenden nicht im Büro sondern heimlich mit seiner Sekretärin in Las Vegas verbringt, sein Bild in der Los Angeles Times wiederfinden könnte. In Häusern wie Caesar's Palace oder Golden Nugget achtet daher ein ganzer Stab von Security-Leuten auf die Einhaltung des strikten Fotografierverbots der Geschäftsleitung. Bei Zuwiderhandlung kann Ihnen der Film aus der Kamera genommen und Hausverbot ausgesprochen werden. Das gleiche gilt auch für Videoaufnahmen. Gelegentlich wird man mit der Ausrede, das *Gaming Control Board* verbiete das Fotografieren in Spielhallen, auf typisch amerikanische Art versuchen, direkte Absagen zu umgehen. Tatsache ist jedoch, daß das *Gaming Control Board* zwar alle Spielabläufe genauestens regelt,

die Frage der Fotografiererlaubnis jedoch ausschließlich dem *Hausrecht der Casinos* unterliegt. Ein liberaler Umgang mit der Fotografiererlaubnis im Casinobereich ist eher selten, aber dennoch zu finden. Ein Schild am Haupteingang des EXCALIBUR besagt die Linie des dortigen Managements: *"Wir wollen, daß Ihnen Ihr Aufenthalt bei uns in guter Erinnerung bleibt. Fotografieren Sie ruhig, aber stören Sie keine anderen Gäste und unterbrechen Sie keine Spiele!"*
Im gesamten Bereich des MGM GRAND - Nomen est Omen - wird auch niemand etwas dagegen haben, auf Zelluloid gebannt zu werden. Ganz anders sehen das dagegen die Grabwächter und Pharaonen im Casinobereich des LUXOR...
Tagsüber sieht die Stadt eher triste aus und die besseren Motive finden sich in der Wüste und den umliegenden Nationalparks. Hier genügen weniger empfindliche Filme (100 ASA), jedoch empfehlen wir unbedingt die Verwendung eines Polarisationsfilters. Die besten Erfahrungen haben die Autoren mit dem Zirkularpolfilter der Firma HELIOPAN (D-82166 Gräfelfing) gemacht, einem hervorragenden optischen Präzisionsprodukt, das die Aufnahmequalität ganz erheblich verbessert.

Filmmaterial und -entwicklung

Filmmaterial ist in den USA teurer als in Deutschland. Die Entwicklung von Negativen und Abzüge werden in allen größeren Hotels, in den Shopping-Malls und an zahlreichen, unübersehbaren Stellen am Strip und in Downtown angeboten. Meist können Sie die fertigen Aufnahmen schon nach 2 Stunden wieder abholen.
Diafilme und deren Entwicklung sind etwas seltener zu finden. Gut, preiswert und schnell arbeitet MICHAEL's PHOTOLAB (Dias, Negative, Abzüge): 1087 E. Tropicana Ave, Ecke Maryland Parkway, in Vons Shopping

Center., Tel. (702) 736-3689, geöffnet Mo.-Sa. 9-18 Uhr.

Kamerareparaturen und Fotozubehör

CAMERA TEC INC., 2900 W.Charleston Ave #S, Ecke Valley View Blvd., Tel.: (702) 259-8455, geöffnet Mo.-Fr. 9-18 Uhr, Sa. 10-16 Uhr (repariert alle gängigen Marken, großer Gebraucht-Kameramarkt).

Videoverleih

Falls Sie Ihre Videoausrüstung zu Hause gelassen haben, aber nun doch ein paar Highlights auf Magnetband festhalten wollen, können Sie sich in Las Vegas einen Camcorder leihen. Verlangen Sie unbedingt ein **PAL**-Gerät, damit Sie das Band zu Hause ohne teure Normenwandlung problemlos ansehen können. Die Preise liegen um 50 US$ für 1 Tag. Für längere Verleihzeiten gibt's meist Ermäßigung.

A-SETI VIDEO RENTALS (liefert ins Hotel), Tel.: (702) 564-0131 und CAMCORDER DISCOUNT SALES & RENTALS, 3755 Las Vegas Blvd., nördlich des MGM Grand, neben McDonalds, Tel.: (702) 895-9596.

Führerschein

Nach offiziellem Regierungsabkommen gilt in den USA der nationale Führerschein von Staatsbürgern aus Deutschland, Österreich und der Schweiz. Dennoch kann es zu Schwierigkeiten kommen, wenn Leihwagenvermieter oder Polizeibeamte den ausschließlich in deutscher Sprache abgefaßten (grauen) Führerschein nicht lesen können und erst einen Dolmetscher oder das Konsulat zur Feststellung der Gültigkeit Ihrer Fahrerlaubnis bemühen müssen.
Keine Probleme gibt es mit den *Euro-Führerscheinen* oder mit einem *internationalen Führerschein,* da beide

eine englischsprachige Übersetzung beinhalten.
Wenn Sie schon mit 16 Jahren Autofahren wollen oder Ihr eigener Führerschein verloren, vergessen oder aus anderen Gründen gerade nicht verfügbar ist, können Sie für ein paar Dollar relativ einfach in Las Vegas Ihre *Nevada Driver License* erwerben. Voraussetzung ist allerdings, daß Sie ausreichend englisch sprechen, um den Test zu verstehen. Alles, was Sie wissen müssen, steht im *Nevada Driver's Handbook,* das Sie kostenlos beim *DMV (Department of Motor Vehicles, Drivers License Division)* erhalten. Dort können Sie auch die Prüfung ablegen: 2701 E.Sahara Avenue, Las Vegas, NV 89104-4170, Tel.: (702) 486-4368 oder -4263, -4264.
Seit einigen Jahren ist es nicht mehr so ohne weiteres möglich, den in den USA erworbenen Führerschein in einen deutschen umschreiben zu lassen. Dafür ist nun der Nachweis, daß Sie länger als 183 Tage (= über ein halbes Jahr) ständig in den USA gelebt haben, zwingend erforderlich. Dem reinen Führerschein-Tourismus in die USA wurde damit ein jähes Ende bereitet.

Straßenverkehr

In Amerika wird im allgemeinen defensiver gefahren, als in Europa, die Straßen sind großzügiger angelegt, das Verkehrssystem ist logisch aufgebaut und die Einhaltung der Verkehrsregeln wird streng überwacht. So wird das gigantische Verkehrsaufkommen in Großstädten wie Las Vegas und deren Ein- und Ausfallstraßen relativ reibungslos bewältigt.
Ampeln stehen in den USA immer erst auf der anderen Straßenseite oder hängen in der Mitte der Straßenkreuzung. Das hat den Vorteil, daß die Lichter auf größere Entfernung besser eingesehen werden können. Halten müssen Sie natürlich unbedingt vor der Kreuzung! Die Ampel schaltet ohne Zwischengelb von Rot auf Grün.

Rechtsabbieger dürfen, ja müssen sogar auch bei einer roten Ampel weiterfahren, wenn die Kreuzung frei ist.

Eigene **Linksabbieger**spuren in der Straßenmitte *(Center Turn Lane)* sind ebenfalls eine für Europäer ungewohnte, aber äußerst sinnvolle Einrichtung. Die Mittelspur ist von den regulären Fahrspuren auf beiden Seiten mit jeweils einem durchgehenden, außenliegenden und einem unterbrochenen, innenliegenden Strich getrennt. Verkehrsteilnehmer aus beiden Fahrtrichtungen dürfen nur dann langsam in diese Spur einfahren, wenn sie links in eine Einfahrt oder Nebenstraße einbiegen wollen. So bleibt der ungestörte Verkehrsfluß auf allen Spuren auch bei zahlreichen Linksabbiegern erhalten.

Rote **Stop-Schilder** in der bekannten achteckigen Form stehen bei kleineren Kreuzungen oft auf allen 4 Straßenseiten *(4-WAY-STOP)*. Hier muß jeder Verkehrsteilnehmer vollständig anhalten. Wer zuerst da war, darf zuerst die Kreuzung überqueren. Kommen mehrere Verkehrsteilnehmer gleichzeitig an die Kreuzung, verständigt man sich durch Handzeichen, wer als erster fahren darf.

Im **Stadtverkehr** von Las Vegas dürfen Sie höchstens **25 mph** (40 km/h) fahren, auf den Highways 55 mph (88 km/h). Andere Geschwindigkeitsgrenzen, wie z.B. 65 mph (105 km/h) auf bestimmten Streckenabschnitten der Interstate Highways, 45 mph (72 km/h) auf Zubringerstraßen und 15 mph (24 km/h) in Schulgebieten werden gesondert am Straßenrand angegeben.

Parkverboten *(NO PARKING)* und **Halteverboten** *(NO STOPPING OR STANDING)* sollten Sie unbedingt Beachtung schenken. Sofern Sie in einer Feuerwehrzufahrt stehen oder während der **Straßenreinigungszeiten** *(STREET CLEANING)* parken, müssen Sie damit rechnen, abgeschleppt zu werden. Parkuhren werden Tag und Nacht mit motorisierten Dreiradstreifen kontrolliert. Schon ein kurzer Ablauf der

Die AAA-Pannenhilfe ist auch für Mitglieder ausländischer Automobilclubs kostenlos, sofern sie ihre Mitgliedsnummer wissen.

Uhr genügt für ein saftiges *Ticket,* das im beigefügten Umschlag gleich bar bezahlt werden kann.

In den meisten Hotel- und Casinozufahrten wird *VALET PARKING* angeboten, d.h. Sie fahren direkt am Haupteingang vor, geben Ihren Autoschlüssel einem professionellen Einparker (trinkgeldpflichtig!), der Ihr Fahrzeug in der Nähe einparkt und nach Ende Ihres Casinobesuchs blitzschnell wieder hervorzaubert. Die andere Möglichkeit ist das *SELF PARKING,* d.h. Sie parken Ihr Fahrzeug selbst ein. Die dafür vorgesehenen Parkplätze sind allerdings oft mehrere Gehminuten vom zugehörigen Hotel- und Casinokomplex entfernt.

Falls Sie einmal einen Unfall haben, erreichen Sie Polizei, Rettungswagen und Feuerwehr unter der gemeinsamen **Notrufnummer 911** oder die Nevada Highway Patrol unter 0-Zenith-1-2000. Bei Problemen mit Ihrem Fahrzeug verständigen Sie am besten den amerikanischen Automobilclub unter Tel. 1-800-222-4357 (= 1-800- AAA-HELP) und ggf. auch Ihre Leihwagenfirma! Für kostenfreie Pannenhilfe sollten Sie die Mitgliedskarte Ihres heimatlichen Automobliclubs dabei haben.

Leihwagen

Um in den USA ein Fahrzeug leihen zu können, sind zwei Voraussetzungen zu erfüllen: Sie müssen über eine **Kreditkarte** verfügen und sollten mindestens **25 Jahre** alt sein. Beides ist eine Art Rückversicherung für den Verleiher: Der Kreditkartenrahmen muß sowohl die voraussichtlichen Leihkosten als auch eine Kaution von etwa 1.000 US$ abdecken. Das Alter verspricht in einem Land, in dem man schon mit 16 den Führerschein machen darf, eine gewisse Fahrpraxis, die das Unfallrisiko senken soll. Einige Leihwagenfirmen, wie z.B. BUDGET, verleihen schon an Fahrer, die erst das *23.Lebensjahr* erreicht haben, lassen sich diese "Risikoerhöhung" aber mit 5 Extradollar pro Tag bezahlen. Ein **Full-Size Leihwagen** kostet in Las Vegas zwischen 200 und 240 US$ pro Woche und zwischen 40 und 60 US$ pro Tag. Bei Vergleichsanrufen zu verschiedenen Jahreszeiten machte BUDGET stets (knapp) das beste Angebot. HERTZ war im Wochenpreis teurer als AVIS und beim Tagespreis verhielt es sich gerade umgekehrt. Wenn Sie schon mal vor Ort sind, lohnt sich ein Vergleich allemal!
Die Verleihstationen am McCarran-Airport erreichen Sie unter folgenden Nummern:

AVIS	(702) 261-5595
BUDGET	(702) 736-1212
HERTZ	(702) 736-4900
DOLLAR	(702) 739-8408

Sofern Sie im Bundesstaat Nevada bleiben, lohnt es sich, auch mal bei den kleineren Verleihern anzufragen:

AJAX	(702) 789-7200
PAYLESS	(702) 739-8488
THRIFTY	(702) 736-8227
VALLEY	(702) 732-8282

In jedem Fall müssen Sie eine CDW-*(Collision Damage Waiver = Haftpflicht)* oder LDW-*(Loss and Damage Waiver = Diebstahl- und Haftpflicht)* Versicherung abschließen, die bei einer Eigenbeteiligung von 300-500 US$ täglich mit etwa 10 bis

Linie 301, der meistfrequentierte Stadtbus von Las Vegas, verbindet alle wichtigen Stationen zwischen Downtown und dem Strip.

15 US$ zu Buche schlägt. Vollkasko- und Insassenversicherung sind freiwillig und würden nochmals 10-15 US$ pro Tag kosten. Rechnen Sie alle Nebenkosten zusammen und die US-Steuer dazu, so fahren Sie in der Regel auch bei niedrigem Dollar-Kurs immer noch am günstigsten, wenn Sie Ihren *rundum versicherten Leihwagen* schon **vor Ihrer Abreise** in Ihrem Reisebüro (z.B. ADAC-Reisen) fest buchen.

Busverkehr

Stadtbusse

Las Vegas verfügt über ein hervorragendes Stadtbussystem namens **CAT** (Citizens Area Transit). Die Linien verbinden von 5.30 Uhr morgens bis 1.30 Uhr nachts auch die entlegensten Winkel der Stadt.
Die **Linie 301,** die vom *Vaccation Village* im Süden den ganzen *Las Vegas Boulevard (Strip)* entlang bis zum *DTC (Downtown Transportation Center)* alle maßgeblichen Stationen des Nachtlebens

Las Vegas Trolley

abfährt, verkehrt *24 Stunden* lang, und zwar von 6 Uhr bis Mitternacht im *10 Minuten-Takt,* die restlichen 6 Stunden im 15 Minuten-Takt. Alle Busse sind rollstuhl- und kinderwagengerecht. Die Strip-Linie kostet 1.50 US$ für Erwachsene, Kinder unter 5 Jahren sind frei, Jugendliche zwischen 5 und 17 Jahren sowie Senioren über 62 zahlen nur 50 Cents. Achtung: Wer das Fahrgeld nicht passend hat - z.B. mit 2 Dollar-Scheinen zahlt - bekommt **kein Wechselgeld zurück!** Für Vielfahrer (ab 10 Fahrten) lohnt es sich, einen Sack Tokens (spezielles Fahrgeld) zu kaufen.

Trolleys

Neben den CAT-Linien verkehren auch noch sogenannte TROLLEYS, Busse im Design alter Straßenbahnwaggons, die allerdings **nicht den Strip mit Downtown verbinden.** Es gibt zwei unabhängig voneinander operierende TROLLEY-Betreiber: Der **DOWNTOWN-TROLLEY,** Tel.: (702) 229-6024, wird von der Stadt Las Vegas betrieben und hat seinen Ausgangspunkt am *DTC (Downtown Transportation Center),* 300 N. Casino Center Boulevard, gleich neben dem Downtown Post Office (301 E.Stewart Ave). Von

hier aus verkehren 2 Linien: Die **MEADOWS MALL** Linie, die Sie 9 mal am Tag für genau 1.10 US$ pro Fahrstrecke in etwa 10 Minuten nonstop zu einem riesigen Einkaufszentrum am Valley View Blvd. und wieder zurück nach Downtown bringt und die **DOWNTOWN CASINO** Linie, die von 8 Uhr früh bis 10 Uhr abends im 20 Minuten-Takt für genau 50 Cents pro Fahrt alle namhaften Innenstadtcasinos sowie den Charleston Plaza mit Lucky-Supermarkt anfährt.
Der **STRIP TROLLEY,** Tel.: (702) 382-1404, wird von einer privaten Taxigesellschaft betrieben und verkehrt täglich von 9.30 Uhr vormittags bis 2 Uhr früh im 20 Minuten-Takt zwischen allen großen Strip - Casinos, dem Hilton und dem Wet'n Wild. Der STRIP TROLLEY hält direkt am Haupteingang der jeweiligen Casinos und kostet 1.10 pro Fahrt. Auch für alle Trolleys gilt: Wer das Fahrgeld nicht passend hat, bekommt **kein Wechselgeld zurück!**

Sightseeing-Touren

Verschiedene Busunternehmer bieten Stadtrundfahrten sowie Ausflüge zu den Nationalparks Red Rock Canyon, Valley of Fire, Death Valley, Grand Canyon, Zion, Bryce Canyon, zum Hoover Dam und nach Laughlin oder Stateline an. Die Touren kosten zwischen 20 und 200 US$ und dauern zwischen 4 und 10 Stunden. Die meisten Touren sind recht professionell organisiert und bieten was für's Geld.
Soweit **Fabrikbesuche** auf dem Programm stehen - und sei es nur eine Schokoladenfabrik - läßt man den Teilnehmern stets sehr viel Zeit zum Einkauf...
Fahrten, die ausdrücklich ein **Mindestalter von 21 Jahren** fordern, haben schwerpunktmäßig den Besuch von Casinos in nahegelegenen Spielerstädten (z.B. Laughlin, Borderline) zum Ziel.

Renommierte Unternehmer sind:

GRAY LINE LAS VEGAS, 1550 S. Industrial Rd., Las Vegas, NV 89102, Tel.:(702) 384-1234, Fax: 387-6401

GUARANTEED TOURS, 3734 Las Vegas Blvd., Suite 4, Las Vegas, NV 89109, Tel.: 1-800-777-4697 oder (702) 369-1000

ROSS & RAY,
Tel.: 1-800-338-8111
oder (702) 646-4661

SILVERLINE TOURS,
Tel.: 1-800-417-5268
oder (702) 474-7272
INTERSTATE TOURS,
Tel.: 1-800-245-1166
oder (702) 293-2268

KEY TOURS,
Tel.: (702) 362-9355

DESERT ACTION TOURS,
Tel.: (702) 796-9355

In der Regel genügt es, telefonisch zu reservieren. Es ist üblich, daß Sie vom Hotel abgeholt und am Ende der Tour wieder dorthin zurückgebracht werden.

Überlandbusse

Bequem und relativ preiswert reist man mit dem legendären **Greyhound-Bus.** Die Station befindet sich in südlicher Richtung direkt neben dem Plaza Hotel und Casino im Herzen der Innenstadt: 200 S.Main Street. Von dort aus gehen täglich 10 Busse nach Los Angeles, 5 nach Phoenix (über Kingman und Laughlin), 2 nach Salt Lake City und 2 über Denver nach Chicago. Eine einfache Fahrt kostete bei Redaktionsschluß 37 US$ nach Los Angeles und 42 US$ nach Salt Lake City. Die zentrale Reservierung in den USA hat die Tel.-Nr. 1-800-231-2222.
Sofern Sie schon vor Ihrer Abreise wissen, daß Sie in den USA noch ein wenig per **Greyhound** über Land ziehen wollen, fahren Sie am günstigsten, wenn Sie bereits in Europa Ihren **Ameripass** kaufen. Nähere Auskünfte hierzu erhalten Sie bei ISTS-Intercontinentalreisen in München, Tel.:089-27271-0.

Bahnverbindungen

Die **AMTRAK-Station** von Las Vegas ist wohl der einzige Bahnhof der Welt, der im Hinterhof eines Casinos liegt: Die Spielhalle von Jackie Gaughan's PLAZA-Hotel (früher nach der Eisenbahngesellschaft UNION PLAZA genannt) geht direkt in den Wartesaal der Bahnstation über. Die Adresse: 1 N.Main Street, Zufahrt über den Parkplatz nördlich des Plaza Hotels, Tel.: (702) 386-6896, Zentralreservierung: 1-800-872- 7245.

Bahnfahren ist ein echtes Erlebnis für Nostalgiker, die den Wilden Westen in seiner landschaftlichen Ursprünglichkeit erleben wollen. Auch wenn die Antriebswagen und Waggons moderner geworden sind, die Schienenführung durch wildromantische Steppen-, Sandstein- und Wüstengebiete fernab von Highways und Zivilisation, ist auf weiten Strecken immer noch die gleiche wie vor 100 Jahren. Allerdings ist Bahnfahren etwas teurer als Busreisen und die Verbindungen sind schlechter: Nur dreimal pro Woche rattert der Zug mit dem blumigen Namen *Desert Wind* nach Ost und West. **Westbound** führen die Stationen über Barstow, San Bernardino,

Amtrak-Schalter im Hinterhof des PLAZA-Hotels

Fullerton und Los Angeles nach San Diego. **Eastbound** geht's über Salt Lake City, Denver, Lincoln und Omaha bis nach Chicago. Die einfache Strecke nach Los Angeles kostete bei Redaktionsschluß 68 US$.

Sie können die Fahrkarten schon in Europa vorreservieren (zur Hauptsaison empfehlenswert) oder einen günstigen **USA Rail Pass** erwerben. Nähere Auskünfte hierzu erhalten Sie in Frankfurt bei JET AIR TOURS, Tel.: 069-252729, in Wien bei Austria Reiseservice, Tel.: 0222-310-7441 und in Zürich bei Kuoni Reisen, Tel.: 01-277-4583 oder SSR-Reisen, Tel.: 01-297- 1111.

Touren per Flugzeug und Hubschrauber

Bei strahlendem Sonnenschein den **Lake Mead,** den **Hoover Damm** und die bizarren Strukturen des **Grand Canyon** aus der Vogelperspektive zu betrachten, gehört fast schon zum Pflichtprogramm einer Las Vegas Reise. Die etwa 1 1/2 - stündige Standardtour kostet pro Person mit dem Flächenflugzeug zwischen 100 und 150 US$ und mit dem Hubschrauber etwa das doppelte. Darüber hinaus werden *Hubschrauber - Nachtflüge über der Stadt* (15 Min. ca. 50 US$) und mehrtägige Flugzeugexkursionen zum *Monument Valley* und zum *Bryce Canyon* angeboten (250-500 US$). Am häufigsten kommen dabei die Turbinenhubschrauber der Typen A-Star (US-Bezeichnung für die Ecureuil AS 350 von Eurocopter) und Bell 206 (Jet Ranger / Long Ranger) zum Einsatz, die über 3-5 Passagierplätze verfügen. Die beliebtesten Flugzeuge sind die Hochdecker Cessna 206 oder die deutlich größere Twin Otter. Alle Luftfahrzeuge bieten ideale Fotografiermöglichkeiten: nehmen Sie mindestens 2 leere Filme mit!

Ein gutes Dutzend Fluggesellschaften buhlen um die Gunst der Kunden. Hier eine Auswahl der renommiertesten Firmen:

Flugzeugcharter

SCENIC AIRLINES,
241 E.Reno Ave,
Las Vegas, NV 89119-1198,
Tel.: (702) 739-1900
und 1-800-634-6801,
Fax: (702) 739-8065, Vertretung in Deutschland Tel.: 069-44 60 02, Fax: 069-43 96 31, Unternehmensprofil: *die größte Flotte!*

AIR NEVADA,
5700 S.Haven Street,
Las Vegas, NV 89119,
Tel.: (702) 736-8900
und 1-800-634-6377,
Fax: (702) 795- 8116

LAKE MEAD AIR,
P.O.Box 60035,
Boulder City, NV 89005-0035,
Tel.: (702) 293-1848, ein paar Meilen südöstlich der Stadt, Unternehmensprofil: *klein, aber fein!*

ADVENTURE AIRLINES,
McCarran International Airport
Tel.: (702) 736-7511
und 1-800-543-3077,
Fax: (702) 736- 2374

EAGLE CANYON AIRLINES,
211 E. Reno Ave,
Las Vegas, NV 89119,
Tel.: (702) 736-3333
und 1-800-446- 4584,
Fax: (702) 736-8431

Hubschraubercharter

LAS VEGAS HELICOPTERS, 3724 S. Las Vegas Blvd, Las Vegas, NV 89119, Tel.: (702) 736-0013, Fax: (702) 876- 0342, tags: Grand Canyon Flüge, nachts: Stadtrundflüge, im Angebot: *Trauung im Hubschrauber!*

SILVERADO HELICOPTERS, 115 E.Reno Ave, Las Vegas, NV 89119, Tel.: (702) 739-8881

SUNDANCE HELICOPTERS, Tel.: (702) 736-0606 und 1-800-653-1881

CANYON COPTERS, Tel.: (702) 895-9757

Las Vegas und Umgebung

Geschichte

Bereits 2.500 Jahre v. Chr. bevölkerten primitive Nomadenvölker das Gebiet des heutigen südlichen Nevada.
Circa 500 v. Chr. tauchte das Indianervolk der *Anasazi* (die Alten) auf. Sie waren hoch entwickelt, bestellten das Land, jagten mit Pfeil und Bogen, töpferten und bauten Handelsbeziehungen mit anderen Stämmen des Südwestens auf. Sie gründeten sogar eine richtige Stadt, Pueblo Grande, in der Nähe des heutigen Overton. Um 1.000 n. Chr. verließ dieser Stamm aus unerklärlichen Gründen das Gebiet und zog vermutlich weiter nach Süden. Ungefähr zur selben Zeit kamen aus dem Nordosten die friedlichen *Paiute-Indianer,* deren Entwicklungsstand niedriger als der ihrer Vorgänger war. Sie verfügten über eine relativ wenig strukturierte Gesellschaft.
1829 entdeckten die ersten Weißen, eine Handvoll spanischer Abenteurer, auf ihrem Weg von Kalifornien zum Großen Salzsee in Utah Quellen in der Mojave-Wüste, die das Umland in eine grüne Oase mit Bäumen und Wiesen verwandelten. Sie nannten den Ort **Las Vegas - die Wiesen.**
1855 siedelten erstmals Weiße, nämlich eine Gruppe von Mormonen, auf diesem Flekken Erde. Als Schutz vor Indianern bauten sie ein kleines Fort und bewirtschafteten das Land. Nevada war mittlerweile nach dem amerikanisch-mexikanischen Krieg 1848 zum Staatsgebiet der USA erklärt worden. Aus unbekannten Gründen gaben die Mormonen ein paar Jahre später die Oase auf und zogen weg. 1864 wurde Nevada der 36. Bundesstaat der Vereinigten Staaten. Ein Jahr später fand sich ein Farmer aus Ohio namens *Octavius Gass,* der die Arbeit der Mormonen fortsetzte und schon bald einen Besitz bewirtschaftete, der das ganze Stadtgebiet des heutigen Las Vegas umfaßte.
In den 80iger und 90iger Jahren wechselte mehrmals der Besitzer des Gutes, bis im Jahre 1902 ein neues Kapitel

in der Geschichte des Wüstenortes aufgeschlagen wurde. Wasser und die zentrale Lage auf halbem Wege zwischen zivilisierten Territorien zog die Pioniere der Eisenbahn an. Ein Senator namens *William Clark* (daher auch Clark County) aus Montana träumte davon, eine Bahnlinie zu bauen, die den Pazifischen Ozean mit dem Großen Salzsee verbinden sollte. Dazu mußte er das Land in diesem fruchtbaren Tal aufkaufen. Die Eisenbahnverbindung wurde gebaut und später ein Teil der legendären Union Pacific-Linie.

Der Eisenbahn folgte eine Unzahl von Menschen, die nun in diesem abgelegenen Wüstennest ihr Glück suchten: Spekulanten, Händler, Handwerker, Kaufleute, Cowboys, Goldsucher und Prostituierte. Im Mai **1905** veräußerte die Eisenbahngesellschaft in einer großangelegten Auktion das Land, das nicht mehr gebraucht wurde, an die dortige Bevölkerung. So erfolgte also im gleichen Jahr die offizielle **Stadtgründung von Las Vegas.**

Zwei wichtige Ereignisse ließen die Stadtgeschichte in den folgenden Jahrzehnten anders verlaufen als die anderer Eisenbahnstädtchen. Das war einmal das Boulder Canyon Projekt, das 1928 vom Kongreß verabschiedet wurde. Ein riesiger Staudamm circa 30 Meilen südlich von Las Vegas sollte den Colorado River zähmen, die häufigen Überschwemmungen beenden und gewaltige Energiereserven freisetzen. Von 1931 - 1935 wurde dieses Wunderwerk der Technik gebaut, das gerade in Zeiten wirtschaftlicher Depression Arbeitsplätze und Hoffnung schuf. Der Staudamm lieferte billigen Strom in großem Ausmaß, eine Voraussetzung für den Betrieb unzähliger Klimaanlagen und Neonfassaden der späteren Glitzerstadt. 1947 wurde der Boulder Damm übrigens zu Ehren des Präsidenten Herbert Clark Hoover in **Hoover Damm** umbenannt.

Und was taten die vielen Arbeiter, die an ihren freien Tagen in die Stadt kamen? Und die abenteuerlustigen Burschen, die in den Bergen vor den Toren von Las Vegas unter harten Entbehrungen nach Gold und Silber schürften? Sie vergnügten sich allesamt bei verbotenen Glücksspielen! Nachdem die Stadtverwaltung eine Zeitlang diesem illegalen Tun zugeschaut hatte, trafen die Stadtväter eine umsichtige und vor allen Dingen sehr geschäftstüchtige Entscheidung. Sie **legalisierten 1931 das Glücksspiel** im gesamten Staate Nevada und leiteten somit eine Entwicklung ein, die seit diesem denkwürdigen Jahr zu einer nicht enden wollenden Expansion führte.

Im Zuge der Liberalisierung wurden im gleichen Jahr die Gesetze Nevadas bezüglich Eheschließung und -scheidung gelockert. So begann der Aufstieg des Wüstennests zum **Heiratsparadies.**

Anfang der 40iger Jahre wurde das *El Rancho* (am Standort des neuen *Countryland USA*) als erstes großes Hotel mit Restaurant, Bar, Casino, Live Entertainment und einem Swimming-Pool am heutigen Strip erbaut. Erstmals zog es auch die Reichen und Berühmten aus Hollywood nach Las Vegas. Zwei Jahre später eröffnete das *Last Frontier.*

Durch den berüchtigten New Yorker Unterweltboss *"Bugsy" Siegel* mit seinem *Flamingo Hotel* (1946) wurde der Einfluß der Gangstersyndikate offensichtlich. Dieses Mafia-Image ist die Stadt bis heute nicht vollständig losgeworden. Siegels Tod im Kugelhagel 1947 ließ ihn zu einer Legende werden. In den 50iger Jahren entstanden nun in schneller Folge entlang des Las Vegas Boulevards, kurz Strip genannt, das *Sands, Desert Inn, Sahara, Riviera, Dunes, Tropicana* und *Stardust.* Parallel dazu entwickelte sich im Zentrum rund um die *Fremont Street* das *Downtown Casino Center.* Hier finden wir so bekannte Etablissements wie das *Golden Nugget,* das *Horseshoe,* das *Golden Gate* oder das *Plaza.* Alle vereinigten jetzt nach dem Vorbild des *El Rancho* und des *Flamingo* Spielcasino, Hotel, Restaurants, Bars und Unterhal-

Das Golden Nugget der 60er Jahre

tungsprogramme mit großen Shows unter ihrem Dach.

In den 60ern versteckte sich jahrelang der exzentrische Milliardär *Howard Hughes* im *Desert Inn* und beobachtete vom 9. Stock aus das immer geschäftiger werdende Leben und Treiben in der Neonstadt. Wohl überzeugt von den Gewinnaussichten, kaufte er sowohl das *Desert Inn* wie auch sechs weitere Casinos und eine ganze Fernsehstation auf.

Im gleichen Zeitraum eröffnete das erste familienorientierte Casino *Circus Circus* mit einer eigenen Arkade für Kinder und das dem alten Rom nachgestellte *Caesar's Palace,* das noch immer mit den riesigen Mega-Resorts von heute konkurrieren kann.

1976 wurde das Glücksspiel-Monopol von Las Vegas gebrochen. In Atlantic City, New Jersey, durfte fortan auch um Geld gespielt werden. Das störte die Glücksritter im Westen jedoch wenig. Um den neuen Herausforderungen standzuhalten, wurden viele Casinohotels in den 80er Jahren umgebaut und renoviert. Der Rubel, Verzeihung, der Dollar, rollte besser denn je.

Größtes Hotel der Welt: MGM-Grand

So entstanden Ende der 80er und Anfang der 90er Jahre am Strip die neuen Mega-Hotelanlagen wie das *Mirage* (1989), *Excalibur* (1990), *Treasure Island, Luxor* und *MGM Grand* (1993), die alles bisher dagewesene übertrafen. Jedes von ihnen zählte wieder ein paar Betten mehr, warb mit noch mehr Excitement und Amusement wie das vorhergegangene. Bei Drucklegung war das *MGM Grand* mit 5.005 Betten das größte Hotel der Welt, aber die Wüste am südlichen Ausläufer des Strip ist groß und ein Ende der Jagd nach neuen Superlativen nicht abzusehen...

Las Vegas in Zahlen* (Stand 1996)

Einwohner	
City of Las Vegas	412.000
Greater Las Vegas (Las Vegas Valley)**	1.100.000
Höhenlage	662 m
Touristenbetten	91.446
Hotels	74
Motels	183
Strip Casinos	32
Downtown Casinos	19
Casinos am Boulder Highway	14
Hochzeitskapellen	38
Kirchen & Synagogen	500 für 68 Glaubensrichtungen
Krankenhäuser mit Intensivmedizin	8
Schulen	
Grund- und Aufbauschulen	175
Colleges	3
Universität	1
Rassenanteil der Einwohner von Las Vegas	
Weiße	76 %
Spanische Abstammung	11 %
Schwarze	9 %
Asiaten	3 %
Indianer (0,7 %) und andere Rassen (0,3%)	1 %

* Angaben ohne Gewähr

** derzeitiger Zuwachs: ca. 3.000 Menschen pro Monat

Motels

Las Vegas verfügt über 183 Motels aller Preis- und Güteklassen, die vorwiegend auf der Fremont Street (Downtown), am Las Vegas Boulevard und in der Flughafen-Umgebung zu finden sind. Die Zimmer kosten zwischen 40 und 90 US$ pro Nacht und bei besonderen Veranstaltungen (Boxkämpfe, Rodeos, Golfturniere) auch mal das Doppelte. Von Sonntag (Check in) bis Donnerstag (Check out) haben die meisten Unterkünfte niedrigere Preise als von Donnerstag (Check in) bis Sonntag (Check out). Die Häuser auf der Fremont Street östlich der 6.Straße sind größtenteils zu Absteigen heruntergekommen, vor denen man sich hüten sollte. Hier sind auch unerlaubte Straßenprostitution und Drogenkriminalität zu Hause.

Downtown:

BUDGET INN,
301 S. Main Street,
Tel.: (702) 385-5560
Preiswertes Mittelklasse-Motel

DAYS INN,
707 E. Fremont Street,
Tel.: (702) 388-1400

ECONO LODGE DOWNTOWN,
520 S. Casino Center Blvd.,
Tel.: (702) 384- 8211

OGDEN HOUSE,
651 Ogden Ave,
Tel.: (702) 385-5200
Gehört zum El Cortez, recht preiswert, aber schon an der Grenze zwischen "Good old Downtown" und der üblen Gegend.

Las Vegas Boulevard, nördlich des Strip:
Zur Orientierung: auch nördlich des Strip hat der Las Vegas Boulevard noch den Zusatz "South" am Ende, nur die Hausnummern liegen unter 2.000.

NORMANDIE MOTEL,
708 Las Vegas Blvd. S.,
Las Vegas, NV 89101,
Tel.: (702) 382-1002

Normandie Motel

Elvis hat hier einmal in Zimmer 1 geschlafen. Etwas für anspruchslose Nostalgiker, laut Leuchtreklame *"highly recommended by owner"!*

LAS VEGAS INTERNATIONAL HOSTEL,
1208 Las Vegas Blvd. S.,
Las Vegas, NV 89104,
Tel.: (702) 385-9955
Mehrbettzimmer. Preiswerte Unterkunftsmöglichkeit für anspruchslose Rucksacktouristen aller Altersklassen. Ermäßigung mit Studentenausweis. Gemeinschaftsküche, Frühstücks-, Fernseh- und Freizeitraum, Münzwaschmaschinen und Telefon. Preiswerte ein- und mehrtägige Busexkursionen in verschiedene Nationalparks. **Geheimtip** auch für Besucher, die während Großveranstaltungen nicht den doppelten Unterkunftspreis zahlen möchten, sondern lieber auf etwas Komfort verzichten.

HIGH HAT REGENCY MOTEL,
1300 Las Vegas Blvd. S.,
Las Vegas, NV 89104,
Tel.: (702) 382-8080,
Fax: (702) 386-7360
Gut geführtes, blitzsauberes Motel. *Kinder und Haustiere unerwünscht!*

Strip:

ALGIERS,
2845 Las Vegas Blvd. S.,
Tel.: (702) 735-3311
Zentrale Lage, sehr preisgünstig.

CASINO ROYALE,
3419 Las Vegas Blvd. S.,
Tel.: (702) 737-3500
Fax: (702) 737-1973

CENTER STRIP INN,
3688 Las Vegas Blvd. S.,
Tel.: (702) 739-6066
Fax: (702) 736-2521

DAYS INN,
3265 Las Vegas Blvd. S.,
Tel.: (702) 735-5102

FUN CITY MOTEL,
2333 Las Vegas Blvd. S.,
Tel.: (702) 731-3155

HOLIDAY HOUSE,
2211 Las Vegas Blvd. S.,
Tel.: (702) 732-2468

LA CONCHA,
2955 Las Vegas Blvd. S.,
Tel.: (702) 735-1255
Zentrale Lage.

LA QUINTA INN,
3782 Las Vegas Blvd. S.,
Tel.: (702) 739-7457
Fax: (702) 736-1129

RODEWAY INN,
3786 Las Vegas Blvd. S.,
Tel.: (702) 736-1434

SULINDA BY GASLIGHT,
2035 Las Vegas Blvd. S.,
Tel.: (702) 732-2000
Zentrale Lage.

TAM O' SHANTER,
3317 Las Vegas Blvd. S.,
Tel.: (702) 735-7331

TRAVELODGE SOUTH STRIP,
3735 Las Vegas Blvd. S.,
Tel.: (702) 736-3443

TRAVELODGE STRIP,
2830 Las Vegas Blvd. S.,
Tel.: (702) 735-4222
Fax: (702) 733-7695
Zentrale Lage, direkt neben dem Circus Circus.

WESTWARD HO,
2900 Las Vegas Blvd. S.,
Tel.: (702) 731-2900
Zentrale Lage.

Strip-Nähe:

Sogenannte "Off-Strip Motels" sind oft etwas günstiger als die direkt auf der Spielermeile gelegenen Unterkünfte.

COMFORT INN,
211 E. Flamingo Rd.,
Tel.: (702) 733-7800

VILLA ROMA,
220 Convention Center Dr.,
Las Vegas, NV 89109,
Tel.: (702) 735-4151
oder 1-800- 634-6535
Günstige Lage, gutes Preis-Leistungsverhältnis.

PARADISE RESORT INN,
4350 Paradise Rd.,
Tel.: (702) 733-3900

QUALITIY INN,
377 E. Flamingo Rd.,
Tel.: (702) 733-7777

SUPER 8 MOTEL,
4250 Koval Lane,
Tel.: (702) 794-0888

SOMERSET HOUSE,
294 Convention Center Dr.,
Tel.: (702) 735-4411
Fax: (702) 369-2388

Flughafen-Nähe:

COMFORT INN SOUTH,
5076 Koval Lane,
Tel.: (702) 736-3600

HOLIDAY ROYALE,
4505 Paradise Rd.,
Tel.: (702) 733-7676

MOTEL 6,
195 E. Tropicana Ave,
Las Vegas, NV 89109,
Tel.: (702) 798-0728,
Fax: (702) 798-5657
Die Motel 6-Kette entstand in den 60er Jahren. Damals kostete kein Zimmer mehr als 6 US$. Natürlich mußte man sich inzwischen den neuen Preisen angleichen. Das gute Preis-Leistungsverhältnis aber blieb bis heute!

TROPICANA INN,
5150 Duke Ellington Way,
Tel.: (702) 736-8964

Hotels sind in der Regel teurer als Motels und fast immer mit Casinos verbunden. Einen Überblick über die wichtigsten *Hotels & Casinos* finden Sie in den nachfolgenden Kapiteln.

Downtown Las Vegas

Hotels, Motels und Casinos:

27 Budget Inn
6 California (SamBoyd's "CAL")
20 Coin Castle
25 Days Inn
11 El Cortez
24 Fitzgerald´s
23 Four Queens
18 Fremont (Sam Boyd's)
19 Golden Gate
9 Golden Inn
22 Golden Nugget
8 Goldspike
16 Glitter Gulch (Vegas Vicky)
17 Horseshoe (Binion's)
7 Lady Luck
15 Las Vegas Club
2 Main Street Station (Sam Boyd's)
10 Ogden House
21 Pioneer Club (Vegas Vic)
14 Plaza (Jackie Gaughan's)
30 Econo Lodge Downtown

Bus & Bahn:

12 AMTRAK Station
3 Downtown Transportation Center (DTC)
13 Greyhound Station

Öffentliche Einrichtungen:

28 Gericht, Büro für die Heiratserlaubnis *(County Clerk's Office, Marriage License Bureau)*
4 Postamt
5 Rathaus & Polizei
29 Ziviltrauungen *(Commissioner of Civil Marriages)*

Sonstiges:

1 Städt. Schwimmbad
26 Western Union (Telegrafenamt und Geldüberweisungen)

Downtown Las Vegas

© *Gabi & Klaus Heller*

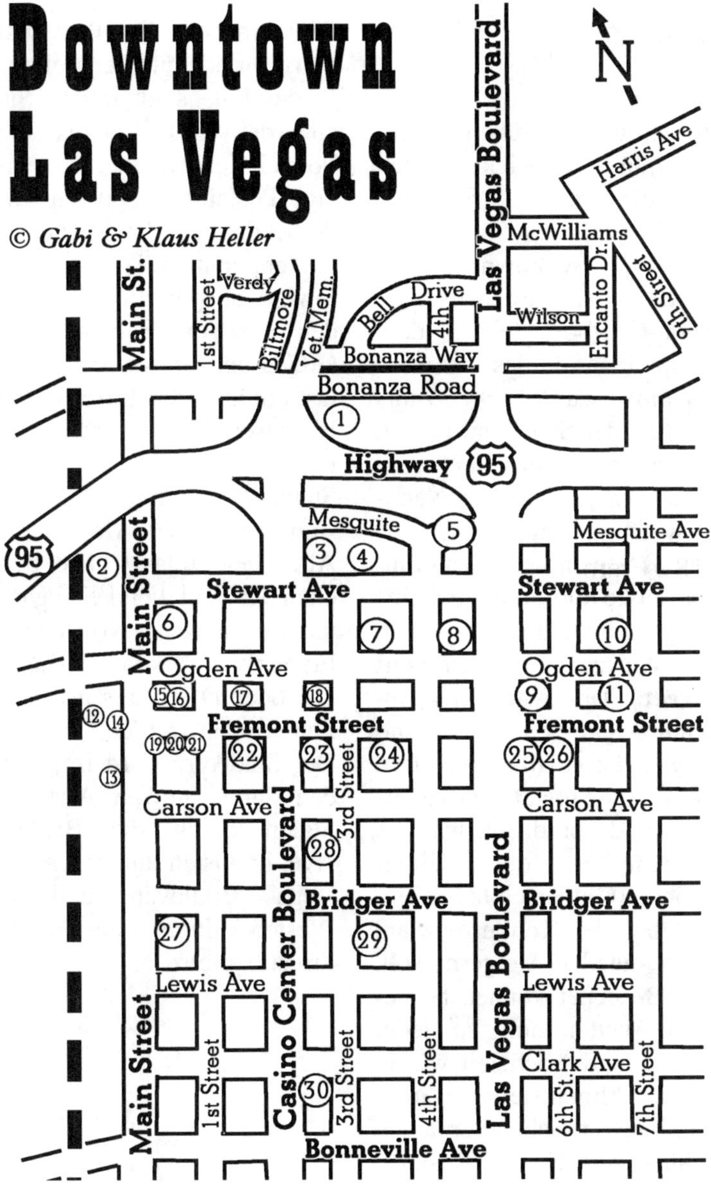

Downtown

Bereits in den frühen fünfziger Jahren entwickelte sich parallel zum Strip die Glücksspielszene im Stadtzentrum (Downtown).
Vegas Vic, der winkende Neon-Cowboy über dem Haupteingang des *Pioneer Casinos,* wurde zum Wahrzeichen der Stadt und bekam schon bald ein Pendant: *Sassy Sally,* das kesse Neon-Cowgirl von gegenüber.
Am 8.September 1994 fuhr das letzte motorisierte Fahrzeug - ein Oldtimer - durch den Westzipfel der **Fremont Street.** Dann wurde der Abschnitt zwischen *Casino Center Boulevard* und *Main Street* zur Fußgängerzone erklärt und überdacht, was die Attraktivität der Glitter Gulch (Glitzerschlucht) gegenüber der Konkurrenz am Strip wieder steigern soll. Die Besucher können bei jedem Wetter und zu jeder Tages- und Nachtzeit wie in einem klimatisierten Großkaufhaus zwischen den angeschlossenen Hotels, Casinos, Restaurants, Imbiß- und Souvenirläden umherstreifen.
In der Innenstadt finden Sie außerdem das Rathaus, die Polizei-Hauptwache, das einzige Postamt für postlagernde Sendungen, den Verkehrsknotenpunkt DTC (Downtown Transportation Center), den einzigen Bahnhof, die Greyhound-Busstation und last not least das Büro für die Heiratserlaubnis (Marriage License Bureau) und einen Standesbeamten (Commissioner of Civil Marriages). Alles liegt relativ nahe beieinander und könnte - ganz unamerikanisch - von einem Fixpunkt (Parkhaus, Bahnhof oder DTC) aus auch zu Fuß erreicht werden.
Der Stadtkern wird im Norden durch Stewart Ave, im Süden durch die Bridger Ave, im Osten durch den Las Vegas Boulevard und im Westen durch die Main Street begrenzt.

Vegas Vic winkt unermüdlich - und das seit 1951!

Downtown Hotels und Casinos

BINION´s HORSESHOE
128 E. Fremont Street
Tel.: (702) 382-1600
Fax: (702) 384-1574
Casino im Wild-West-Stil, meist sehr voll, bekannt für hohe Preisgelder beim Poker, ein gutes Steak-Restaurant und die Ausstellung von 1 Mio.-Dollar, vor denen man sich kostenlos fotografieren lassen kann.
380 Zimmer in niedriger bis mittlerer Preislage.

CALIFORNIA HOTEL,
(Sam Boyd's CAL),
12 Ogden Ave,
Tel.: (702) 385-1222
Fax: (702) 388-2660
650 Zimmer, preiswert, jedoch häufig mit hawaiianischen Reisegruppen ausgebucht, 4 Restaurants, großer Bingo-Saal, Poker Turniere mit hohen Preisgeldern, DST (Daily Slot Tournaments).

EL CORTEZ,
600 E. Fremont Street,
Tel.: (702) 385-5200
Fax: (702) 385-1554
Das älteste Downtown-Hotel (erbaut 1941) gehörte ehemals dem Gangster *Bugsy Siegel,* der es später verkaufte, um das *Flamingo* am Strip bauen zu können.
200 Zimmer, niedrige Preisklasse, 2 günstige Restaurants. Liegt an der Grenze zwischen saniertem Stadtzentrum und übler Gegend.

FITZGERALD' s
("The FITZ"),
301 E. Fremont Street,
Tel.: (702) 388-2400
Fax: (702) 388-2181
Nach dem Stratosphere-Tower am Strip das zweithöchste Gebäude Nevadas.
Die gesamte Anlage ist mit vierblättrigen Kleeblättern und sattem Grün im irischen Stil gehalten.
650 Zimmer in niedriger bis mittlerer Preislage, 2 Restaurants, 1 Coffee-Shop.

FOUR QUEENS,
202 E. Fremont Street,
Tel.: (702) 385-4011
Fax: (702) 387-5122
Stilelemente aus dem alten New Orleans, jeden Montag Live Jazz-Konzerte, Sonderpreise im Hotel bei Bingo-Sessions und verschiedenen Veranstaltungen für alle Gäste über 55 Jahren (FOUR QUEENS CLUB 55).
720 Zimmer, preiswert.

GOLDEN GATE,
111 S. Main Street,
Tel.: (702) 382-3510
106 relativ kleine Zimmer, 1 Restaurant, untere Preisklasse.

GOLDEN NUGGET,
129 E. Fremont Street,
Tel.: (702) 385-7111
Fax: (702) 386-8362
Zweitältestes Hotel-Casino in Downtown. Ausstellung des größten Nuggets, das je auf der Welt gefunden wurde (über 16 kg!). 1.900 Zimmer, gehobene Preisklasse, 4 Restaurants, Swimming Pool.

GOLD SPIKE,
400 E. Ogden Ave,
Tel.: (702) 384-8444
109 Zimmer, 1 Restaurant, untere Preisklasse für geringe Ansprüche.

LADY LUCK,
206 N. 3rd Street,
Tel.: (702) 477-3000
Fax: (702) 477-3002
796 Zimmer der mittleren Preisklasse, 4 Restaurants, Coffee-Shop, Snack-Bar, Cabaret Lounge.

LAS VEGAS CLUB,
18 E. Fremont Street,
Tel.: (702) 385-1664
Fax: (702) 387-6071
224 Zimmer, Steak-House und Coffee-Shop, gutes Preis-Leistungsverhältnis!

MAIN STREET STATION
(Sam Boyd's),
300 N.Main Street,
Tel.: (702) 387-1896
400 Zimmer, preiswert, gehört zum CALIFORNIA HOTEL und nimmt vorwiegend deren "Gäste-Überlauf".

PLAZA (Jackie Gaughan´s),
1 Main Street,
Tel.: (702) 386-2110
Fax: (702) 382-8281

Das ehemalige UNION PLAZA ist der einzige Hotel-Casino-Komplex der Welt mit eigener Bahnstation im Hinterhof. Die Greyhound-Busstation liegt gleich neben dem Hotel. Ein idealer Ausgangspunkt für alle, die ohne eigenes Auto auf dem Landweg anreisen.

1.037 Zimmer der mittleren Preisklasse, 3 Restaurants (China / Thai empfehlenswert!), Swimming Pool, Tennisplatz.

Schon bei der Reservierung sollten Sie daran denken: Die Zimmer zur Frontseite bieten einen herrlichen Ausblick auf das Lichtermeer der Fremont-Street. Von der Hotel-Rückseite sehen Sie dagegen nur Bahngleise und Autobahn.

The Strip

- so nennt man den südlichen Abschnitt des Las Vegas Boulevard South zwischen dem **Stratosphere Tower** im Norden und dem **Royal Oasis** im Süden - ist die größte Spielermeile der Welt. Genauer gesagt sind es etwa 4,3 Meilen oder runde 7 Kilometer. Nirgends sonst wo auf der Welt fließt 24 Stunden lang soviel Bargeld durch Automatenschlitze und über Spieltische wie hier.

Nachtfliegern leuchtet die von Millionen Glühlampen und Neonröhren erhellte Straße schon lange vor der Landung unverkennbar entgegen. Der Strip soll seinen Namen einem ehemaligen Polizisten aus L.A. und späteren Casino-Besitzer verdanken, der den Streckenabschnitt in Anlehnung an den berühmten Sunset-Strip in Hollywood so taufte.

Als der Kalifornier Thomas E. Hull Anfang der 40er Jahre ein paar Meilen vor den Toren der Stadt, mitten in einer trostlosen Wüstenlandschaft, mit dem Bau seines Luxushotels *El Rancho* - dem heutigen *Countryland USA* - begann, konnte sich noch niemand den kometenhaften Aufstieg dieser Gegend vorstellen. Doch die Anlage erwies sich schnell als eine Goldgrube und zog vor allem die Schönen und Reichen Hollywoods, darunter Joan Crawford, Ava Gardner, Cary Grant und Howard Hughes an. Zwei Jahre später eröffnete das *Last Frontier Hotel & Casino*.

So richtig los ging der Bauboom aber erst, als der Gangster Bugsy Siegel sein *El Cortez* in Downtown verkaufte und dafür 1946 das *Flamingo* am Strip etablierte. In kurzer Folge wurden *Desert Inn, Dunes, Hacienda, Riviera, Sands, Sahara, Stardust* und *Tropicana* aus dem Wüstenboden gestampft. Obwohl die Geschäfte blühten und die Stadt kontinuierlich wuchs, erlebte der Strip erst Ende 1993 wieder einen vergleichbaren Schub, als innerhalb von nur 10 Wochen *Luxor, Treasure Island* und *MGM Grand* eröffneten und

Las Vegas Strip

Hotels, Motels und Casinos:

54 Aladdin
62 Alexis Park
14 Algiers
50 Bally's
47 Barbary Coast
48 Bourbon Street
45 Caesars Palace
39 Casino Royale
61 Carriage House
53 Center Strip Inn
12 Circus Circus
51 Comfort Inn
74 Comfort Inn South
13 Countryland USA
35 Days Inn
25 Debbie Reynold's Hollywood Hotel
69 Excalibur
46 Flamingo Hilton
31 Frontier Hotel
5 Fun City Motel
76 Hacienda
59 Hard Rock Hot.
41 Harrah's
3 Holiday House
56 Holiday Inn Crowne Plaza
57 Holiday Royale
4 Holy Cow Cas.
71 Hotel San Remo
43 Imperial Palace
19 La Concha Motel
65 La Quinta Inn
27 Las Vegas Courtyard by Marriott
16 Las Vegas Hilton
75 Luxor
49 Maxim
68 MGM Grand Hotel & Theme Park
40 The Mirage
72 Motel 6
67 New York New York
52 Quality Inn
42 Ramada Vacca-tion Suites
26 Residence Inn by Marriott
44 Rio Suite Hotel
15 Riviera
66 Rodeway Inn
24 Royal Hotel
6 Sahara
63 Saint Tropez
37 Sands
32 Sheraton Desert Inn
20 Silver City Casino
22 Somerset House Motel
23 Stardust
1 Stratosphere Tower
2 Sulinda by Gaslight
55 Super 8 Motel
36 Tam O' Shanter
64 Travelodge South Strip
9 Travelodge Strip
38 Treasure Island
70 Tropicana
73 Tropicana Inn
21 Villa Roma Motel
18 Westward Ho

Freizeit-einrichtungen:

10 Bungeespringen
33 Desert Inn Country Club
10 Klettergarten
17 Las Vegas Country Club
58 The Mirage Golf Club
8 Wet'n Wild

Sonstiges:

9 Chamber of Commerce
28 Convention Center
30 Deutsches Honorarkonsulat
34 Fashion Show Shopping Center
45 Forum Shops
7 Guiness World of Records
11 Postamt
60 University of Las Vegas
47 WESTERN UNION (Telegrafenamt und Geldüber-weisungen)

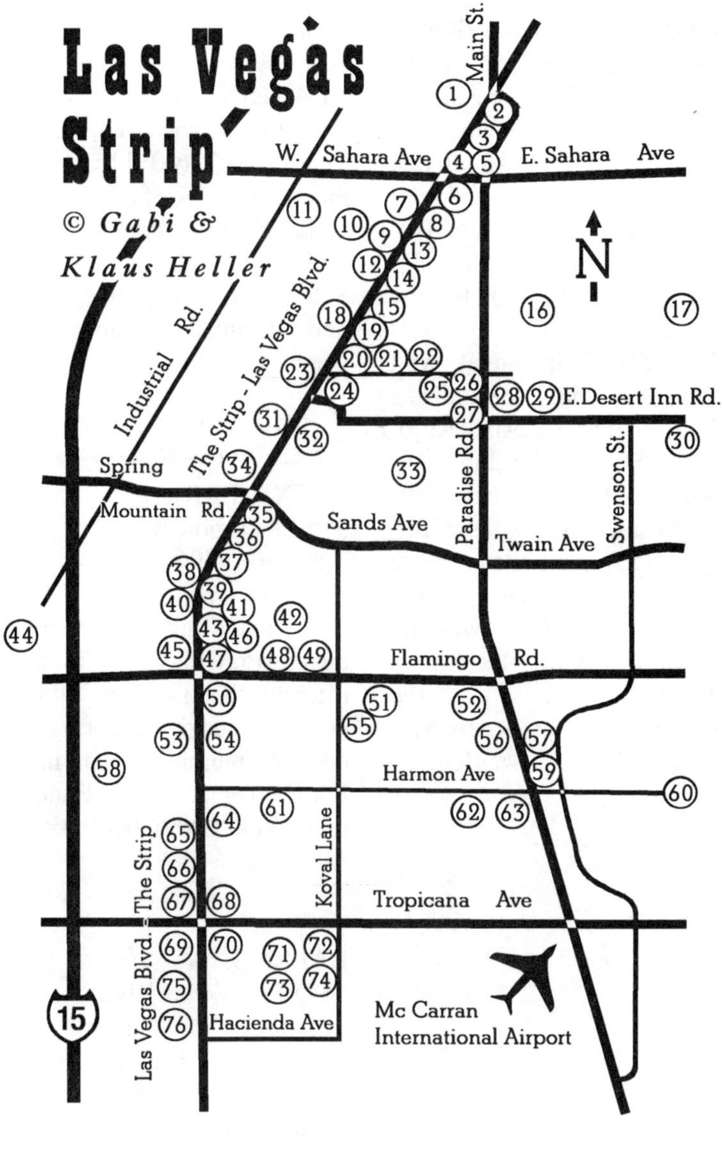

Las Vegas Strip
© Gabi & Klaus Heller
Main St.
W. Sahara Ave
E. Sahara Ave
N
Industrial Rd.
The Strip - Las Vegas Blvd.
E.Desert Inn Rd.
Paradise Rd
Swenson St.
Spring Mountain Rd.
Sands Ave
Twain Ave
Flamingo Rd.
Harmon Ave
Koval Lane
Tropicana Ave
The Strip - Las Vegas Blvd.
Hacienda Ave
Mc Carran International Airport
15
1 2 3 4 5 6 7 8 9 10 11 12 13 14 15 16 17 18 19 20 21 22 23 24 25 26 27 28 29 30 31 32 33 34 35 36 37 38 39 40 41 42 43 44 45 46 47 48 49 50 51 52 53 54 55 56 57 58 59 60 61 62 63 64 65 66 67 68 69 70 71 72 73 74 75 76

der Stadt schlagartig über 10.000 neue Hotelzimmer bescherten. Die Strip Hotels erfreuen sich im Jahresdurchschnitt einer Auslastungsquote von etwa 90%. Unter den größten Resort-Hotels der Welt belegen nach dem Hilton Village auf Waikiki / Hawaii die Strip-Hotels die Plätze 2-15.
Aber der Strip bietet weit mehr, als "nur" gigantische Hotel- und Casino-Komplexe: Shows, die ihresgleichen suchen, Nobel-Kaufhäuser allererster Klasse, billige Souvenir-Läden, teure Gourmet-Restaurants und preiswerte Buffets, Museen, *Theme-Parks* für alle Altersklassen und last not least, die ständige Illusion, jeden Moment Millionär werden zu können...

Strip Hotels & Casinos

ALADDIN,
3667 Las Vegas Blvd. S.,
Tel.: (702) 736-0111
Fax: (702) 734-3583
1.100 Zimmer der mittleren Preisklasse, 4 Restaurants, Snack-Bar, Swimming Pool und Tennisplatz auf dem Dach.

ALEXIS PARK,
375 E.Harmon Ave,
Tel.: (702) 796-3300
Fax: (702) 796-4334
500 Luxus-Suites der gehobenen Preisklasse, z.T. mit offenem Kamin und Whirlpool / Jacuzzi, hervorragendes Restaurant, Swimming Pool, Tennisplatz, Fitneßraum, kein Casinobetrieb!

BALLY'S,
3645 Las Vegas Blvd. S.,
Tel.: (702) 739-4111
Fax: (702) 794-2413
2.832 recht großräumige Zimmer der mittleren

Eine Neon-Röhre lockt ins Bally´s

Preisklasse, 6 Restaurants, Einkaufszentrum, Kino, Swimming Pool, Tennisplatz, Fitneßraum.

BARBARY COAST,
3595 Las Vegas Blvd. S.,
Tel.: (702) 737-7111
Fax: (702) 737-6304
200 Zimmer der mittleren Preisklasse, häufig ausgebucht, WESTERN UNION Stelle (für Geldüberweisungen) im Haus, 3 Restaurants (*Michael´s* gehört zu den besten der Stadt!).

BOURBON STREET,
120 E. Flamingo Rd.,
Tel.: (702) 737-7200
Fax: (702) 734-9155
166 Zimmer der mittleren bis gehobenen Preisklasse, Restaurant, Whirlpool / Jacuzzi, Aufmachung im Stil der Bourbon Street in New Orleans (French Quarters).

CAESARS PALACE,
3570 Las Vegas Blvd. S.,
Tel.: (702) 731-7110
Fax: (702) 731-7172
1.518 luxuriöse und entsprechend teure Zimmer in denen

der Kunde nicht nur König sondern Kaiser ist, 2 großzügig angelegte Swimming Pools (nur für Gäste!), 8 Tennisplätze, Fitneßetage, 8 Restaurants und ein Nobel-Einkaufszentrum *(Forum Shopping Center)*, Springbrunnen, Marmorsäulen und Statuen im Stil des alten Rom, Brahma-Altar neben dem Haupteingang.
Achtung: Die Fließbänder *(people mover)* führen nur von der Straße ins Casino, aber nicht wieder zurück.
Das Parkhaus liegt günstig direkt am Hauptgebäude.
CAESARS PALACE schreibt man übrigens ganz bewußt nicht mit Apostroph. Nach dem Willen des Palast-Gründers Jay Sarno soll es nicht der Palast des Caesar (Genitiv), sondern der Palast aller Besucher sein, von denen sich jeder wie Caesar fühlen soll (Plural).
Dauerattraktionen: *Omnimax Theatre* (Rundum-Kino) und *Cinema Ride* (3-D-Kino).
Prädikat: unbedingt sehenswert!

CARRIAGE HOUSE,
105 E. Harmon Ave,
Tel.+ Fax: (702) 798-1020
143 Zimmer der mittleren bis gehobenen Preisklasse, häufig ausgebucht, Tennisplatz, Swimming Pool, gutes Restaurant mit schönem Ausblick über den südlichen Strip-Abschnitt.

CIRCUS CIRCUS,
2880 Las Vegas Blvd. S.,
Tel.: (702) 734-0410
Fax: (702) 734-5847
2.793 große Zimmer, Preise schwanken stark je nach Auslastung, das erste familienorientierte Hotel der Stadt, Kinder bis zu 12 Jahren frei, kostenlose Artistikaufführungen, zahlreiche Unterhaltungsspiele für Kinder im Mittelgeschoß (Midway / Arcades), 3 Restaurants (gutes Buffet!), 2 Coffee-Shops, Einkaufspassage, Swimming Pool, Hochzeitskapelle, Bungee-Springen und Klettergarten gleich neben dem Hotel, größter RV-Park am Strip mit 421 Stellplätzen für Camp-Mobile.

Römerin und Gladiator empfangen die Besucher im Caesars Palace

COUNTRYLAND USA,
2755 Las Vegas Blvd. S.,
Tel.: (702) 796-2222
(ehemals EL RANCHO, das erste Hotel & Casino am Strip) - Hotel stand bei Redaktionsschluß kurz vor der Neueröffnung!

DEBBIE REYNOLD'S HOLLYWOOD HOTEL,
305 Convention Center Dr.,
Tel.: (702) 734-0711
200 Zimmer der mittleren bis gehobenen Preisklasse, 2 Restaurants, Swimming Pool. Hotel mit viel Glamour und Pomp aus alten Hollywood-Filmen. Die schönsten Stücke werden im hauseigenen *Movie Museum* kostenpflichtig zur Schau gestellt.

EXCALIBUR,
3850 Las Vegas Blvd. S.,
Tel.: (702) 597-7777
Fax: (702) 597-7040
Mit 4.032 Zimmern das zweitgrößte Hotel der Welt (nach dem MGM-Grand).
Nachbau eines mittelalterlichen Märchenschlosses. Allgegenwärtiges Thema ist die Sage um *König Arthur.* Neben dem *Schloß Camelot* und dem *Schwert Excalibur* finden sich auch *Königin Genevra,* der *Zauberer Merlin,* die *Ritter Lanzelot* und *Parzival* sowie zahlreiche weitere Namen aus der Sage wieder.
Hotel und Casino gehören der Circus Circus-Betreibergesellschaft und sind ebenso kinder- und familienfreundlich wie das Mutterhaus.
10 Restaurants (eines der besten Buffets der Stadt!), 2 Swimming Pools, Hochzeitskapelle, Minigolf-Anlage, Einkaufspassage, ständige Schaudarbietungen für jung und alt (Akrobaten, Ritterspiele, Schwertkämpfer, Stelzengänger, Zauberer).

FLAMINGO HILTON,
3555 Las Vegas Blvd. S.,
Tel.: (702) 733-3111
Fax: (702) 733-3353
3.949 Zimmer der mittleren Preisklasse, 10 Restaurants, 2 Swimming Pools, Whirl Pools / Jacuzzi, Flutlicht-Tennisanlage mit 4 Plätzen,

Excalibur Hotel & Casino - das Märchenschloß am Strip

Fitneßraum.
Das Hotel wurde 1946 vom legendären Gangsterboss Bugsy Siegel eröffnet, wechselte nach dessen Tod mehrfach den Besitzer und wurde öfters umgebaut und erweitert, zuletzt 1995.

FRONTIER HOTEL,
3120 Las Vegas Blvd. S.,
Tel.: (702) 794-8200
Fax: (702) 794-8326
986 Zimmer der mittleren Preisklasse, 3 Restaurants, Tennisplatz.
THE LAST FRONTIER war der zweite Hotel-Casino-Komplex am Strip und vermittelt trotz ein paar Renovierungen und Erweiterungen auch heute noch etwas vom Flair der damaligen Zeit.

HACIENDA,
3950 Las Vegas Blvd. S.,
Tel.: (702) 739-8911
Fax: (702) 798-8289
1.150 Zimmer der mittleren bis niedrigen Preisklasse, 3 Restaurants, 2 Swimming Pools, RV-Park mit zahlreichen Stellplätzen für Campmobile.

HARD ROCK HOTEL & CASINO,
4475 Paradise Rd.,
Tel.: (702) 693-5000
Fax: (702) 693-5010
340 Zimmer der mittleren bis gehobenen Preisklasse, Gourmet-Italiener, 24 Std.-Coffee-Shop, Swimming Pool, Erinnerungsstücke an die Rock´n´ Roll Ära, Souvenir-Laden, Konzertsaal (1.200 Sitzplätze) mit wechselnden Auftritten bekannter Rock-Gruppen, kleine Ecke mit Slot-Machines, deren Profit ausschließlich für den Erhalt des Regenwaldes verwendet wird.
Prädikat: Sehenswert!

HARRAH'S,
3475 Las Vegas Blvd. S.,
Tel.: (702) 369-5000
Fax: (702) 369-5008
1.725 gepflegte Zimmer der mittleren Preisklasse, 3 Restaurants, 2 Swimming Pools, 6 Tennisplätze, Fitneßraum.
Hauptgebäude im Design eines Mississippi-Schaufelrad-Dampfers. Hier heißt das Motto *"Riverboat Gambling"* auf dem *"Ship on the Strip."*

HOLIDAY INN CROWNE PLAZA,
4255 S. Paradise Rd.,
Tel.: (702) 369-4400
Fax: (702) 369-3770
202 Luxus-Suiten zu Luxus-Preisen, Restaurant, Swimming Pool, Whirl Pool / Jacuzzi, viel Marmor, Edelholz und Bleikristall.

HOLIDAY ROYALE,
4505 Paradise Rd.,
Tel.: (702) 733-7676
Fax: (702) 733-7123
300 preiswerte Zimmer, die allerdings nur für ganze Wochen oder Monate vermietet werden, Swimming Pool, kein Casinobetrieb, gutes Preis-Leistungsverhältnis für Langzeit-Gäste.

HOTEL SAN REMO,
115 E. Tropicana Ave,
Tel.: (702) 739-9000
Fax: (702) 736-1120

711 Zimmer der mittleren Preisklasse, 5 Restaurants, Swimming Pool, Fitneßraum, Flughafennähe!

IMPERIAL PALACE,
3535 Las Vegas Blvd. S.,
Tel.: (702) 731-3311
Fax: (702) 735-8578
2.700 Zimmer der unteren bis mittleren Preisklasse, Restaurants, Swimming Pool mit Wasserfall, Fitneßraum, Dauerattraktionen: *Oldtimer-Ausstellung* und die Show *Legends in Concert.*

LAS VEGAS COURTYARD BY MARRIOTT,
3275 Paradise Rd.,
Tel.: (702) 791-3600
Fax: (702) 796-7981
149 Zimmer der mittleren bis gehobenen Preisklasse, Swimming Pool, kein Casinobetrieb, vorwiegend von Geschäftsreisenden frequentiert.

LAS VEGAS HILTON,
3000 Paradise Rd.,
Tel.: (702) 732-5111
Fax: (702) 794-3611
3.000 Zimmer und Suiten der gehobenen Preisklasse, 12 Restaurants, Swimming Pool, Fitneßraum, 6 Tennisplätze (Allwetteranlage), 9-Loch-Übungsgolfplatz, Tagungsräume, Einkaufspassage.
Das Hotel wird vorwiegend von Messeausstellern und -besuchern sowie von Geschäftsleuten frequentiert.
Ständige Show: *Starlight Express.*

LUXOR,
3900 Las Vegas Blvd. S.,
Tel.: (702) 262-4000
Fax: (702) 262-4405
2.512 Zimmer der mittleren bis gehobenen Preisklasse, 14 Luxus-Suiten, 7 Restaurants, Fitneßraum.
Die Anlage steht ganz im Zeichen des alten Ägypten. Das Hauptgebäude ist äußerlich der Cheops-Pyramide nachempfunden - allerdings 23 m höher als das Original - mit Sphinx und Obelisk vor

Licht- und Wasserspiele vor dem Luxor

der Haustüre. Von der Pyramidenspitze aus wird ein weithin sichtbarer, 315.000 Watt starker Lichtstrahl kerzengerade in den Himmel geschickt.

Vor der Sphinx finden mit Einbruch der Dunkelheit beeindruckende Wasserspiele mit Lasershows und Hologramm-Projektionen statt. Im Inneren werden außer den üblichen Casinospielen ein Besuch des Tutanchamun-Grabes und -Museums (ausnahmslos Imitationen) sowie eine Rundfahrt auf einem knapp 2 Meter breiten Kunst-Nil angeboten. Neben Restaurants und Coffee-Shops mit so altägyptischen Namen wie *Tut´s Hut, Nefertiti´s Lounge, Papyrus* und *Isis* fällt nur das *Manhattan Buffet* etwas aus dem Rahmen, das besser ins nahegelegene *New York New York* passen würde.

MAXIM,
160 E. Flamingo Rd.,
Tel.: (702) 731-4300
Fax: (702)735-3252
800 Zimmer der unteren bis mittleren Preisklasse, preis-

Zwischen den Pranken des Löwen geht´s ins Casino

wertes Buffet mit meist nur kurzer Warteschlange.
Hier hat man das Gefühl, daß sich ein paar hundert Meter (Geh-)Entfernung zum Herzen des Strip in einem etwas besseren Preis-Leistungsverhältnis niederschlagen.

MGM GRAND
RESORT HOTEL &
THEME PARK,
3799 Las Vegas Blvd. S.,
Tel.: (702) 891-1111
Fax: (702) 891-7676 und
(702) 891-1030 (Reserv.)
4.254 Zimmer der mittleren bis gehobenen Preisklasse und 751 teuere Luxus-Suiten, das größte Hotel der Welt, 10 Restaurants, Swimming Pool mit "Sandstrand", Whirlpool / Jacuzzi, Fitneßraum, 4 Flutlicht-Tennis Courts, Einkaufspassage, Riesen-Parkhaus für 9.000 Fahrzeuge, Veranstaltungsarena mit 15.222 Sitzplätzen für Sport-Wett- kämpfe und Unterhaltungsshows, Theater-Bühne mit 680 Sitzplätzen für die Dauershow *EFX*.
Das Casino befindet sich im Bauch des riesigen MGM-

Löwen, der geduldig an der Ecke Las Vegas Boulevard / Tropicana Avenue thront. Gleich dahinter erhebt sich das Hauptgebäude wie ein smaragdgrüner, soeben vom Himmel gefallener Monolith. An das Hotel schließt der *MGM Grand Adventures Theme Park* an, eine Art Mini-Disneyland mit sich duellierenden Piraten, Filmstudio, Geister-Mine, Ausstellungen, Boots- und Bahnfahrten und zahlreichen Fast-Food-Restaurants. Der Zutritt auf das Gelände ist zwar grundsätzlich kostenfrei, aktiv an den zahlreichen Attraktionen teilhaben darf jedoch nur, wer vorher einen nicht gerade billigen Tagespaß kauft.

MIRAGE (THE MIRAGE),
3400 Las Vegas Blvd. S.,
Tel.: (702) 791-7111
Fax: (702) 791-7414
3.049 Zimmer der mittleren bis gehobenen Preisklasse, 9 Restaurants, Swimming Pool mit Palmen und Wasserfall,

Wasserfälle und Palmen säumen den Swimming Pool des Mirage

Fitneßraum, Golf-Platz.
Das Hotel verfügt über eine ganze Reihe sehenswerter Dauerattraktionen: tropischer Pflanzengarten, 76.000 Liter-Salzwasser-Aquarium hinter der Hotel-Rezeption mit echten Haien und zahlreichen buntschillernden Tropenfischchen, Delphin-Becken, Gehege der weißen Tiger aus der Show von Siegfried und Roy und last not least natürlich die große Show der beiden berühmten deutschen Magier.
Wenn der Vulkan vor dem Haupteingang von 18 Uhr bis Mitternacht viertelstündlich in gewaltigen Eruptionen Rauch und Feuer speit, wird der Verkehr am Strip so zähflüssig wie die Kunst-Lava, die während des Spektakels in die Lagune fließt.
Prädikat: Unbedingt sehenswert! (Übrigens: Die Autoren belegten im damals neu eröffneten MIRAGE die Hochzeitssuite und erinnern sich gerne an den perfekten Service und die vielen Annehmlichkeiten des Hotels.)

NEW YORK NEW YORK,
Las Vegas Blvd. S.,
(gegenüber MGM Grand und Excalibur, bei Redaktionsschluß kurz vor der Eröffnung).

RAMADA VACCATION SUITES,
100 Winnick Ave,
Tel.: (702) 731-6100
Fax: (702) 731-6175
429 Zimmer der mittleren bis gehobenen Preisklasse, Swimming Pool, kein Casinobetrieb, vorwiegend von Time-Sharern bewohnt.

RESIDENCE INN
BY MARRIOTT,
3225 Paradise Rd.,
Tel.: (702) 796-9300
Fax: (702) 796-9562
192 Appartements und Penthaus-Wohnungen, Preis richtet sich nach Aufenthaltsdauer.

RIO SUITE HOTEL,
3700 W. Flamingo Rd.,
Tel.: (702) 252-7777
Fax: (702) 253-6090
1.410 großzügig angelegte Suiten der gehobenen Preisklasse. Der einzige Hotel-Casino-Komplex in Las Vegas, der *nur großräumige Suiten* anbietet!
12 Restaurants, Swimming Pool mit weißem Sandstrand, Tagungsräume.
Leitthema der Anlage ist brasilianischer Lebensstil: Karneval in Rio, Samba, Copacabana, Strand und Palmen.

RIVIERA,
2901 Las Vegas Blvd. S.,
Tel.: (702) 734-5110
Fax: (702) 794-9663
1.930 Zimmer der unteren bis mittleren Preisklasse, davon einige behindertengerecht und zahlreiche Nichtraucher-Zimmer.
170 Suiten der mittleren bis gehobenen Preisklasse, 4 Restaurants, großer Swimming Pool, 4 Flutlicht-Tennisplätze, Einkaufspassage.

ROYAL HOTEL & CASINO,
99 Convention Center Dr.,
Tel.: (702) 735-6117
Fax: (702) 735-2546
236 Zimmer der mittleren bis gehobenen Preisklasse,
1 Gourmet-Restaurant.

SAHARA,
2535 Las Vegas Blvd. S.,
Tel.: (702) 737-2111
Fax: (702) 791-2027
2.100 Zimmer der mittleren Preisklasse, 5 Restaurants, 2 Swimming Pools, Einkaufspassage.

SAINT TROPEZ,
455 E. Harmon Ave,
Tel.: (702) 369-5400
Fax: (702) 369-1150
150 Luxus-Suiten der entsprechenden Preisklasse, 1 Restaurant, Swimming Pool, Fitneßraum, kein Casinobetrieb!

SANDS,
3355 Las Vegas Blvd. S.,
Tel.: (702) 733-5000
Fax: (702) 733-5624

720 Zimmer der mittleren Preisklasse, 23 Konferenz-Räume, 4 Restaurants, 2 Swimming Pools, 6 Flutlicht-Tennisplätze, 9-Loch-Golfplatz, Fitneßraum.

SHERATON
DESERT INN,
3145 Las Vegas Blvd. S.,
Tel.: (702) 733-4444
Fax: (702) 733-4676
(Ehemaliges DESERT INN, Domizil des Multimilliardärs Howard Hughes.)
720 luxuriöse Zimmer und Suiten in entsprechender Preisklasse, 4 Restaurants, 2 Bars, Nobel-Einkaufspassage.
18-Loch Golfplatz (auch für Gäste, die nicht im Hotel wohnen).

STARDUST,
3000 Las Vegas Blvd. S.,
Tel.: (702) 732-6111
Fax: (702) 732-6296
2.271 Zimmer der mittleren Preisklasse und 160 Suiten der gehobenen Preisklasse, 6 Restaurants, 8 Cocktail-Bars, 2 Swimming Pools, großer Tagungsraum, Einkaufspassage.

STRATOSPHERE
HOTEL & CASINO,
2000 Las Vegas Blvd. S.,
Tel.: (702) 382-4446,
Fax: (702) 383-4755,
1.500 Zimmer der mittleren bis gehobenen Preisklasse, 5 Restaurants, 1 Swimming Pool, Tagungsräume, Einkaufszentrum, 3 Heiratskapellen, Kinderbetreuung.
Das Hotel hieß früher *Bob Stupak´s VEGAS WORLD* und wurde nach grundlegender Renovierung erst 1996 neueröffnet.
Der 1149 ft (350 m) hohe Turm ist der höchste freistehende Turm in den Vereinigten Staaten und bietet eine phantastische Aussicht über die Stadt!

TREASURE ISLAND,
3300 Las Vegas Blvd. S.,
Tel.: (702) 894-7111
Fax: (702) 894-7414 u. 7446
2.376 Zimmer der mittleren bis gehobenen Preisklasse und 312 luxuriöse Suiten,

7 Restaurants, Swimming Pool, Heiratskapelle, großzügiger Fitneßraum mit Sauna und Whirlpool, Mitbenutzung des Mirage-Golfplatzes.
Leitthema: Schatzinsel, Piraten und Schiffbrüchige - das Hotelmanagement gehört nicht dazu!
Das Hotel ist ein Tochterunternehmen des benachbarten THE MIRAGE.
Dauer-Show: Cirque du Soleil´s *Mystere* - (unglaubliche akrobatische Leistungen!)
Hauptattraktion: Pompös inszenierte Seeschlacht vor dem Haupteingang (täglich 16.00 / 17.30 / 19.00/ 20.30 und 22.00 Uhr).

TROPICANA,
3801 Las Vegas Blvd. S.,
Tel.: (702) 739-2222
Fax: (702) 739-2469
1.910 Zimmer der mittleren bis gehobenen Preisklasse, 5 Restaurants, Coffee-Shop und Snack-Bar, 3 große Swimming Pools, Jacuzzi / Whirlpool, 4 Flutlicht-Tennisplätze, Fitneßraum, 18-Loch-Golfplatz.
Leitthema: Polynesien
Dauer-Show: *Les Folies Bergère* - die älteste Revue der Stadt.

Das Luxor am Strip

Vegas Vic Downtown

Die Slot-Machines wollen gefüttert werden

Cocktail-Girl

Gewinnerin

Fröhliche Poker-Runde

Polizeistreifen mit Mountain-Bikes

Straßenmusiker & T-Shirt-Verkäufer am Strip

Wedding Chapel

Just married

5-Minuten-Hochzeit im Vorbeifahren

Wer Glück in der Liebe hat, hat oft auch Glück im Spiel

Wet´n Wild

Bungee-Springen und Klettergarten

Bienenstock-Sandstein im Valley of Fire

Hoover-Damm

Caesar & Cleopatra geben Audienz

Forum Shops in Caesars Palace

Shows, Revues & Free Entertainment

Shows

Las Vegas hat viele Superstars großgezogen und die Großen unter ihnen noch größer gemacht. Elvis Presley gehörte ebenso dazu wie Dean Martin und Frank Sinatra. Und wenn sie nicht gestorben sind, dann füllen die Altstars - genannt *Headliners* - in steter Regelmäßigkeit auch heute noch die riesigen *Show rooms* des Caesars Palace, des MGM Grand oder des Mirage. Die Beach Boys, Harry Belafonte, Ray Charles, Cher, Bill Cosby, David Copperfield, Richie Havens, Englebert Humperdinck, Julio Iglesias, Al Jareau, Tom Jones, Liza Minelli, Willie Nelson, Wayne Newton, Debbie Reynolds, Diana Ross, Donna Summer und viele andere Größen des Show-Geschäfts sind jedoch nicht ständig in der Stadt, sondern geben sich mehrmals im Jahr für ein paar Tage, Wochen oder Monate die Ehre. Der Eintritt kostet zwischen 50 und 150 US$ pro Person und die Säle mit Kapazitäten zwischen 500 und 1.500 Plätzen sind fast immer voll.

Und dann gibt es da noch eine ganze Reihe sogenannter **Production Shows,** die oft mit zigmillionen Dollar Aufwand produziert wurden und 10 Jahre oder länger in dem eigens dafür errichteten Aufführungssaal eines bestimmten Hotels laufen:

Show-Tickets erhalten Sie entweder direkt beim Veranstalter oder über den NEVADA TICKET SERVICE, Tel.: 1-800-597-7469 (gebührenfrei innerhalb der USA). Sofern Sie den aktuellen Showkalender abrufen oder z.B. Ihr Ticket für *Siegfried und Roy* schon aus Deutschland bestellen wollen, wählen Sie 001 (702) 597-1588 oder senden ein Fax an 001 (702) 597-1587. Die Reservierung wird nur vorgenommen, wenn Sie eine gültige Kreditkartennummer angeben können. Die Provision der Agentur beträgt zwischen 2 US$ und 30% des Ticket-Preises.

Production Shows

EFX

Michael Crawford begleitet die Besucher auf einer Reise durch Raum und Zeit - von feuerspeienden Dinosauriern bis in intergalaktische Sphären. Vergangenheit, Gegenwart und Zukunft werden phantasievoll aufgearbeitet. Die Produktion des Spektakels mit über 70 Darstellern und jeder Menge Laser-, Licht-, Feuer-, Rauch- und anderen High- Tec-Effekten soll 40 Millionen Dollar verschlungen haben.
Täglich außer dienstags um 19.30 Uhr.
MGM Grand Theatre, Tel.: (702) 891-7777.
Ca. 75 US$ pro Person. Kinder und Erwachsene zahlen dasselbe.

ENTER THE NIGHT

Romantik, Reiz und Vergnügungen der Nacht werden in einer facettenreichen Revue-Show mit zahlreichen High-Tec-Effekten präsentiert. Prächtige Kostüme, hervorragende Choreographie.
Mi.-Sa. 19.30 und 22.30 Uhr, So.+Mo. 20.00 Uhr, dienstags keine Vorstellung.
Stardust Showroom, Tel.: (702) 732-6325.
Ab 21 Jahren.
Ca. 35 US$ inklusive 2 Getränken.

LEGENDS IN CONCERT

Gelungene Imitationen von den Blues Brothers, Buddy Holly, Elton John, Liberace, Elvis Presley, Marilyn Monroe und zahlreichen anderen Stars der golden Sixties.
Täglich außer sonntags um 19.30 Uhr und 22.30 Uhr im *Imperial Theatre, Tel.: (702) 794- 3261.*
Gutes Preis - Leistungsverhältnis für ca. 35 US$ inklusive 2 Getränken und Steuern. - *Die Lieblingsshow des Autors.*

MYSTERE

Der *Cirque du Soleil* (Sonnenzirkus) präsentiert

Siegfried und Roy

die beste Akrobatik-Show der Stadt. Moderner Zirkus mit surrealistischen Figuren, die an Roncalli erinnern. Die Tänzer, Clowns, Trapezkünstler, Seiltänzer, Stelzengänger und Bungee-Jumper der französisch-kanadischen Truppe zeigen artistische Höchstleistungen.

Täglich außer montags und dienstags 19.30 und 22.30 Uhr im *Treasure Island Show Room, Tel. (702) 894-7722.*

Ca. 60 US$ für Erwachsene, Kinder bis 12 Jahren zahlen die Hälfte.

Prädikat: Unbedingt sehenswert!

SIEGFRIED & ROY

Die beiden deutschen Illusionisten - *Siegfried* stammt aus dem oberbayerischen Rosenheim und *Roy* aus Nordenham bei Bremerhaven - sind seit über 20 Jahren die

absolute Nummer 1 im Las Vegas Show Biz. Die Magier präsentieren eine atemberaubende Show, zu deren Höhepunkten Dressurnummern mit ihren seltenen bengalischen Tigern gehören.
An 3-6 Tagen pro Woche, meist um 19.30 Uhr und um 23.00 Uhr, im *Siegfried & Roy Theatre at the Mirage, Tel.: (702) 791-7111.* Die Show pausiert in unregelmäßigen Abständen mehrere Wochen im Jahr. Sind die Künstler im Lande, so ist die Arena (1.500 Sitzplatze) oft ausgebucht.
Ca. 85 US$ pro Person inklusive 2 Getränken.
Die Tickets werden frühestens 3 Tage vor Aufführung verkauft. Wer sich nicht in eine endlos lange Schlange einordnen will, kann versuchen, kurz vor Vorstellungsbeginn, ein zurückgegebenes Ticket zu erhaschen. Am sichersten, aber mit kräftigem Aufschlag verbunden, ist die Reservierung über einen TICKET SERVICE (siehe Seite 105).
Prädikat: Unbedingt sehenswert!

SPLASH II

Rasante Über- und Unterwassershow in und um ein 75.000-Liter-Becken. Von der Meerjungfrau bis zum Turmspringer ist hier vieles geboten, was mit dem kühlen Naß zu tun hat. Dazu: Heiße Musik, Video-Clips, Rauch-, Knall- und Lasereffekte.
Besucher der Spätvorstellung müssen wegen Topless-Einlagen mindestes 21 Jahre sein. Die Abendshow, bei der die Damen ihre Bikinis anbehalten, ist für alle Altersklassen zugänglich.
Täglich 19.30 und 22.30 Uhr
Versailles Room im Riviera, Tel. (702) 794-9301.
Je nach Sitzplatz zwischen 45 und 60 US$.

STARLIGHT EXPRESS

Andrew Lloyd Webber´s Musical ist das temperamentvollste und dynamischste Showereignis der Stadt. In einem imaginären Zug rasen die futuristisch gekleideten Darsteller auf Rollschuhen

zu heißen Rock´n´ Roll-, Rap- und Jazz-Rhythmen über die Bühne und durch´s Publikum.
Do.-So. 19.30 und 22.30 Uhr, Di.+Mi. 21.00 Uhr, montags keine Aufführung.
Las Vegas Hilton Theatre, Tel.: (702) 732-5755.
Ca. 50 US$, Kinder bis 12 Jahren zahlen die Hälfte.

One Man Shows

BOY-LESQUE

Travestie-Cabaret von und mit Kenny Kerr, der / die eine Reihe weiblicher Superstars gekonnt parodiert.
Läuft erfolgreich seit 10 Jahren alternierend mit tage- oder wochenweisen Auftritten bekannter Superstars.
Täglich außer donnerstags 1 Vorstellung um 23.00 Uhr.
Congo Theatre im Sahara, Tel.: (702) 737-2424.
Ca. 20 US$.

LANCE BURTON

Wenn David Copperfield gerade nicht in der Stadt ist, gilt Lance Burton unter den rund dreißig einzeln auftretenden Zauberkünstlern von Las Vegas als der beste.
Besucher der Spätvorstellung müssen mindestes 21 Jahre alt sein, da hier die Revue-Girls des Rahmenprogramms kurzzeitig *topless* erscheinen. Die Abendshow ist für jede Altersklasse zugänglich. Bei allen Vorstellungen gilt striktes Rauchverbot!
Di.-Sa. 19.30 und 22.30 Uhr, sonntags nur 19.30 Uhr, montags keine Vorführung.
Fiesta Showroom im Hacienda, Tel.: (702) 739-8911.
Ca. 30 US$.

Comedy Shows

COMEDY MAX

Man muß nicht nur die Sprache perfekt verstehen, sondern auch Sinn für

amerikanischen Humor besitzen, damit Comedy Max das Zwerchfell erreicht. Oder sehen wir das Ganze einmal umgekehrt: Für nur runde 15 US$ dürfen Sie hier Ihren Sprachschatz erweitern und einmal hören, worüber die Amerikaner so alles lachen können.
Täglich 19.30 und 22.30 Uhr im *Showroom des Maxim, Tel.: (702) 731-4300.*

RIVIERA COMEDY CLUB

Übertriebene, typisch amerikanische Klamauk-Show mit beeindruckender schauspielerischer Leistung.
Täglich 20 und 22 Uhr.
Riviera, Tel.: (702) 794-9433.
Ca. 18 US$.

THE COMEDY STOP

Wechsende Alleinunterhalter geben ihr Bestes...
Täglich 20 und 22.30 Uhr.
Mezzanine im Tropicana, Tel.: (702) 739-2714.
Ca. 16 US$.

Dinner Shows

KING ARTHUR´s TOURNAMENT

Während sich die Ritter in der Arena spektakuläre Kämpfe liefern, verzehren die Besucher ein opulentes Abendmahl. Ein harmloser Spaß für jung und alt.
Täglich 18 und 20.30 Uhr.
King Arthur´s Arena im Excalibur, Tel.: (702) 597-7600.
30 US$ inklusive Abendessen und Steuern. Kinder und Erwachsene zahlen dasselbe. (Kleinkinder bis 3 Jahre frei, soweit sie auf dem Schoß der Eltern sitzen können.)

¡CONGA!

Erwarten Sie auf der "Copacabana Show" nur keine waschechten kaffeebraunen Schönheiten aus Brasilien. Las Vegas lebt von Illusionen und guten Imitationen. Die amerikanische Revue-Truppe geizt nicht mit Reizen, während man Ihnen zu

heißen Samba-Rhythmen ein gepflegtes Abendmenü serviert.
Täglich 18 und 20.30 Uhr im *Copacabana Room des Rio, Tel.: (702) 252-7777.*
Ca. 40 US$ pro Person, Kinder bis 4 Jahre frei!

FOLIES BERGERE
Mit Dinner- oder Cocktail-Option. Siehe nachfolgenden Abschnitt "Revues".

Revues

COUNTRY TONITE

Einzige Country- & Western-Show der Stadt, gute Liveband.
Täglich außer dienstags um 19.15 und 22 Uhr.
Aladdin Showroom, Tel.: (702) 736-0240.
Ca. 20 US$, Kinder und Jugendliche bis 18 Jahren zahlen etwa 6 US$ weniger.

CRAZY GIRLS - SENSUALITY, PASSION & PUDGY!
(Verrückte Mädels - sinnlich, leidenschaftlich und wohl geformt!)

Drei hübsche, vollbusige Blondinen präsentieren eine frivole Topless-Show.
Täglich außer montags um 20.30 und 22.30 Uhr.
Riviera, Tel.: (702) 794-9433.
Ab 21 Jahren.
Ca. 18 US$ inklusive 2 Getränken.

FOLIES BERGERE
(Verrückte leichte Mädchen)

Die klassische Las Vegas Revue schlechthin. Läuft seit 1960 und ist damit die älteste Show der Stadt. (Keine Sorge: Alle Darsteller sind jünger als die Show selbst!) Temperamentvolle Can-Can-Nummer, gute Choreografie.
Täglich 19.30 und 22.30 Uhr. Die erste Show gibt´s mit Dinner-Option, Einlaß ab 17.30 Uhr.

Tiffany Theatre im Tropicana, Tel.: (702) 739-2411.
Ab 21 Jahren.
Ca.28 US$ inklusive 1 Cocktail oder 35 US$ inklusive Abendessen.
Prädikat: Sehenswert!

JUBILEE

Atemberaubende Mischung aus Revue und Musical mit Federboa, Topless-Einlagen, hydraulischem Untergang der Titanic und zahlreichen bombastisch inszenierten Tanznummern. Die Produktion der gigantischen Show mit über 100 Darstellern soll runde 10 Millionen Dollar gekostet haben.
So. + Mo. 20 Uhr,
Di., Mi., Do. u. Sa. 20 und 23 Uhr, freitags keine Vorstellung.
Jubilee Theatre im Bally´s, Tel.: (702) 739-4567.
Ab 21 Jahren.
Ca. 45 US$.
Prädikat: Sehenswert!

Nachtclubs

Fast alle größeren Hotels verfügen über einen Nachtclub. Meist werden im kleinen Rahmen mehr oder weniger frivole Varieténummern aufgeführt, manchmal spielt eine Jazz- oder Rock-Gruppe und gelegentlich gibt nur der Mann am Klavier Lieder aus vergangenen Zeiten zum besten.
Daneben gibt es natürlich auch eine ganze Reihe *XXX-rated, Topless und Bottomless-Clubs,* in denen die Stripperinnen sämtliche Hüllen fallen lassen. Die Szenen erinnern an Tina Turners Hit *Private Dancer* und Paul Verhoevens Kinofilm *Showgirls.* Dem Auge des *Grande Voyeurs* bleibt nichts verborgen, doch gilt ein unumstößliches Gesetz:
Hautkontakt zwischen den Schönen der Nacht und Gästen ist strengstens untersagt. Einzige Ausnahme: Geldscheine dürfen in die Strumpfbänder der Tänzerinnen geklemmt werden - und das ganz ohne Limit! (Siehe auch Prostitution, S.156.)

GLITTER GULCH
Topless Dancing
20 E. Fremont Street
Tel.: (702) 385-4774
24 Stunden geöffnet.
Eintritt frei, jedoch Minimum-Verzehr 2 Getränke zu je 6 US$.

PALOMINO CLUB
Top- and Bottomless Dancing
1848 Las Vegas Blvd. North
Tel.: (702) 642-2984
Tgl. 13.30 bis 4 Uhr früh.
Eintritt 10 US$ + 2 Getränke á 6 US$ Minimumverzehr.

Last not least ein durchaus interessanter Club, der sich in keine Kategorie einordnen läßt:

THE CAVE
5740 West Charleston Blvd.
Tel.: (702) 878-00 01
Der Club ist für seine täglich wechselnden Verrücktheiten bekannt: Mal gibt es Männerstriptease für Frauen, mal eine gute Travestie-Show oder einen Maskenball.

Free Entertainment

Auch diejenigen Leser, die bereits ihren letzten Cent verspielt haben oder ganz einfach mit der Reisekasse haushalten müssen, finden in Las Vegas eine Menge kostenloser Attraktionen:

VULKANERUPTION

Der 15 m hohe Kunst-Vulkan neben dem Haupteingang des *Mirage* eruptiert viertelstündlich jeden Abend zwischen 18 Uhr und Mitternacht. Die Orgie aus Feuer und Gischt dauert knappe 5 Minuten.
Im wahrsten Sinne des Wortes die heißeste Darbietung am Strip mit dem geringsten Personalaufwand. (4 Pyrotechniker überwachen den richtigen Fluß des Kerosin-Gemisches. - Bei starkem Wind ruht der Vulkan!)

SEESCHLACHT

Das Duell zwischen der Fregatte *HMS Sir Francis Drake* und dem 25 m langen Piratenschiff *Hispanola* ist die meistbesuchte Open-Air-Show am Strip. Nach der lautstarken Aufforderung der Engländer an die Piraten, die Waffen niederzulegen, versenken die Angesprochenen mit einer Kanone das Schiff Seiner Majestät und 30 uniformierte Stuntmen stürzen ins Wasser.

Die *Buccaneer Bay Pirate Show* findet 5 mal täglich vor dem *Treasue Island* statt, und zwar um 16, 17.30, 19, 20.30 und 22 Uhr. Nicht selten reservieren sich die Zuschauer schon 20 bis 30 Minuten vor Vorstellungsbeginn die besten und dazu noch kostenlosen Plätze für das aufwendige 8 Minuten-Spektakel.

Prädikat: sehenswert!

Das Piratenschiff "Hispanola" liegt an der Bucht des "Treasure Island" vor Anker.

Eine Rock-Band hält die Spieler im Caesars Palace mit Elvis-Nummern bei Laune.

JAZZABEND

Jazzfreunde kommen jeden Montag abend im *French Quarter-Saal* des *Four Queens* voll auf ihre Kosten. Um 19.30, 21.30 und 23.30 Uhr können sie sich für eine gute Stunde vom *Monday Night Jazz* mitreißen lassen. Der Eintritt ist frei, allerdings müssen Sie mindestens ein Getränk für 4 US$ bestellen.

LIVE-BANDS

In vielen großen Casinos geben in einer meist etwas entlegenen Ecke mehr oder weniger gute Live-Bands ihr Repertoire zum besten. Dabei sollen sich die Besucher vom Streß am Spieltisch und an den Slot-Machines erholen können. Aufführung und Getränke sind kostenlos, und keiner nimmt Anstoß, wenn sich hier auch mal ein Nicht-Spieler für ein halbes Stündchen niederläßt.

ZIRKUS

Ständige kostenlose Schaudarbietungen erwarten Sie im *Circus Circus* (Artisten, Trapezkünstler, Clowns) und im *Excalibur* (Akrobaten, Schwertschlucker, Stelzengänger, Zauberer).
Natürlich müssen Sie erst an einem Spalier von Spieltischen und an ein paar hundert *Slot-Machines* vorbei, um zur *Free Show* zu gelangen. Das Kalkül der Hotelbetreiber ist klar: Sie sollen Ihr Geld in diesem Casino ausgeben. Tatsächlich geht die Rechnung auf, auch wenn es ein paar hundert Besuchern am Tag gelingt, nur die Shows anzusehen, ohne einen einzigen Cent im Casino zu lassen.

Essen und Trinken

Las Vegas ist ein wahres Paradies für Gourmands und Gourmets. An keinem anderen Ort der USA kann man so preiswert essen. Natürlich hat auch das damit zu tun, daß jeder Hotel- und Casino-Betrieb bemüht ist, mit lukullischen Genüssen zu Niedrigstpreisen die Besucher der Stadt in seine (unwiderstehlichen) Spielhallen zu locken. Angeblich soll die Gastronomie das einzige permanente Verlust-Geschäft im Staate Nevada sein. Die roten Zahlen werden jedoch durch die fetten Gewinne der unter gleichem Dach beherbergten Hotel-, Spiel- und Entertainmentindustrie um ein vielfaches aufgewogen.
Vorsicht ist mit sogenannten *Specials* geboten: Das gelegentlich angepriesene Frühstück für 99 Cents ist nur ein Mini-Portiönchen und das 1.99 US$ - Prime-Rib-Steak tut sich schwer, seinem Namen gerecht zu werden. Wir meinen, es lohnt sich nicht, dafür Schlange zu stehen.
Wirklich empfehlenswert

Here´s the beef! - Warmes Rindfleisch, Truthahnkeule und saftiger Beinschinken werden ständig frisch serviert.

sind dagegen die zahlreichen *All-you-can-eat Schlemmer-Buffets* mit hervorragendem Preis-Leistungsverhältnis.
Und wer sich daran abgegessen hat, der findet in Vegas neben Burger King, Pizza und Pasta jede Menge hervorragende Spezialitätenrestaurants aus aller Welt.

Buffets

Alle Buffets in Las Vegas sind *All-you-can-eat- Buffets,* das heißt, Sie dürfen innerhalb einer Essensperiode (Frühstück, Mittag- oder Abendessen) nachfassen, sooft Sie wollen und können...

Essenszeiten:
Frühstück 7.30-10.30 Uhr
Mittagessen 11.00-15.30 Uhr
Abendessen 16.00-22.00 Uhr
Diese Essenszeiten können von Buffet zu Buffet gering-

fügig variieren. In manchen Hotels gibt´s z.B. schon ab 6 Uhr Frühstück, in anderen wiederum bekommen Sie noch um 23 Uhr Abendessen und einigen gelingt es sogar, zwischen den Essensperioden ohne Pausen umzubauen.

Preise:

Frühstück *(Breakfast)*	4 - 8 US$
Mittagessen *(Lunch)*	5 - 15 US$
Abendessen *(Dinner)*	6 - 15 US$

In der Regel essen Kinder bis 3 Jahre kostenfrei mit, im CAESARS PALACE sogar bis 6 Jahre. Im GOLDEN NUGGET zahlen Kinder zwischen 3 und 10 Jahren den halben Preis.

Wenn Sie die aktuell gültigen Essenszeiten und Preise genau wissen wollen, rufen Sie einfach in der Telefonzentrale des jeweiligen Hotels an. Die Telefonnummern finden Sie in den Kapiteln *Downtown Hotels & Casinos* (ab S. 76) und *Strip Hotels & Casinos* (ab S. 82).

Nachfolgend eine kleine Auswahl der beliebtesten Schlemmer-Paradiese:

Downtown:
FITZGERALD´s
GOLDEN NUGGET
LADY LUCK

Strip & Strip-Nähe:
ALADDIN
BALLY´s
BOURBON STREET
CAESARS PALACE
CIRCUS CIRCUS
EXCALIBUR
FLAMINGO HILTON
FRONTIER
HACIENDA
HARRAH´s
IMPERIAL PALACE
LAS VEGAS HILTON
LUXOR
MAXIM
MGM
MIRAGE
RIO SUITE
RIVIERA
SAHARA
SAN REMO
STARDUST
TREASURE ISLAND
TROPICANA

Die größten Buffets, sowohl von der Speisenauswahl als auch von den durchgeschleusten Menschenmassen finden Sie im CIRCUS CIRCUS und im EXCALIBUR. Deutlich kleiner, aber z.T. noch feiner, sind die Buffets von BALLY´s, GOLDEN NUGGET und MIRAGE.

Besonderer Beliebtheit erfreuen sich die opulenten *Sonntags - Brunches* (meist 8 - 14 Uhr) im IMPERIAL PALACE, im SAHARA und im TROPICANA, wobei letzteres nicht nur durch besondere Gaumenfreuden, sondern auch mit einem überdurchschnittlichen Preis glänzt.

Restaurants & Cafés

ALPINE VILLAGE INN
mit "RATHSKELLER"
3003 Paradise Rd.
Tel.: (702) 734-6888
Täglich 17 - 23 Uhr geöffnet.
Das älteste deutsche Lokal in Las Vegas (seit 1950). Wen arges Heimweh plagt, der kann hier für etwa 18 US$ (inkl. Steuer) Kassler Rippchen, Sauerbraten, Schweinebraten oder eine Schweinshaxen bestellen. Frikadellen oder Hühnerleber gibt´s schon für runde 14 US$. Wird vorwiegend von Amerikanern besucht, die sich gerne an einen Oktoberfestbesuch erinnern.

ANDRE´s
401 South 6th Street
Tel.: (702) 385-5016
Täglich ab 18 Uhr geöffnet.
Hervorragende französische Küche und ausgezeichnete Weine. Auf der Speisekarte stehen u.a. Lachs, Froschschenkel, Schnecken und australische Hummerschwänze. Gehobene Preisklasse.

BINION´s STEAK HOUSE
128 E. Fremont Street
(im HORSESHOE CAS.)
Tel.: (702) 382-1600
Tägl. 17 - 22.30 Uhr.
Gilt als das beste Steakhouse in Downtown. Im Angebot: Prime Rib, New York Steak, Porterhouse Steak sowie Fisch und Huhn.

CAFE MICHELLE
1350 E. Flamingo Rd. (Ecke Maryland Parkway)
Tel.: (702) 735-8686
Tägl. 11-3 Uhr früh geöffnet.
Restaurant mit Piano-Bar und Straßencafé.
Einfache französische und amerikanische Küche: Sandwiches, Omlettes, Salate, Fisch, Crêpes.

CAFE NICOLLE
4760 W. Sahara Ave. (Ecke Decatur Blvd.)
Tel.: (702) 870-7675
Tägl. 11-23 Uhr geöffnet.
Nobelitaliener: Gute Pasta, Meeresfrüchte und Desserts. Bar mit Live-Musik.

CARLUCCIO´s TIVOLI GARDENS
1775 E. Tropicana Ave. (neben Liberace-Museum)
Tel.: (702) 795-3236
Tägl. 16.30-22 Uhr geöffnet.
Gute Pizza, Pasta, Huhn und Meeresfrüchte. Angenehmes Ambiente und erschwingliche Preise.

DIVE!
3200 Las Vegas Blvd. S. (Fashion Show Mall)
Tel.: (702) 369-3483
Tägl. 11.30 - 23 Uhr, Fr. u. Sa. bis Mitternacht geöffnet.
Originelles "Unterwasser-Restaurant". Gute Sandwiches, Pasta und Desserts.

EL SOMBRERO
807 S. Main Street
Tel.: (702) 382-9234
Tägl. außer So. 11-21 Uhr.
Kleines, heruntergekommenes Restaurant, für das Sie keinen Smoking benötigen.
Deftige mexikanische Küche zu äußerst günstigen Preisen.

FISHERMAN´s PORT
3667 Las Vegas Blvd. S.
Tel.: (702) 736-0111
(im Aladdin Hotel & Casino)
Täglich 17-23 Uhr geöffnet.
Außer Fisch und Meeresfrüchten ist das Restaurant bekannt für seine guten Steaks. Zudem gibt´s hier auch Schnitzel, Koteletts, Hähnchen und Pasta - also für (fast) jeden Geschmack geeignet.

Speisen auf amerikanisch

Speisekarte	***menue***
Frühstück	*breakfast*
Mittagessen	*lunch*
Abendessen	*dinner*
Vorspeisen	*appetizers, starters*
Hauptgericht	*main course*
Nachspeisen	*desserts, sweets*
Getränke	*beverages*
Steuer	*tax*
Trinkgeld	*tip, gratuity*

Eier	***eggs...***
Spiegeleier	*sunny side up*
beidseitig angebraten	*easy over*
Rühreier	*scrambled eggs*
gekocht (unüblich)	*boiled*

Brot	***bread***
Weizen	*wheat*
Roggen	*rye*
Rosinenbrot	*raisin roll*
süßes Brötchen	*french roll*
Zwiebelbrötchen	*onion roll*

Geflügel	***poultry***
Ente	duck
Huhn	chicken
Truthahn	turkey

Fisch	***fish***
Meeresfrüchte	***seafood***
Austern	*oysters*
Barsch	*bass*
Forelle	*trout*
Hai	*shark*
Heilbutt	*halibutt*
Hummer	*lobster*
Kabeljau	*codfish*
Lachs	*salmon*
Steingarnelen	*prawns*
Waller	*catfish*

Fleisch	***meat***
Hackfleischbällchen	*meat balls*
Kalbfleisch	*veal*
Koteletts	*pork chops*
Lammfleisch	*lamb*
Rindfleisch	*beef*
Schinken	*ham*
Schinkenspeck	*bacon*
Schweinefleisch	*pork*
Steak	*steak*
blutig	*rare*
mittel	*medium*
gut durchgebr.	*well done*

Beilagen	***side dishes***
Bratkartoffeln	*cottage fries*
Gemüse	*vegetables*
Kartoffelbrei	*mashed potatoes*
Kartoffelpuffer	*hashed browns*
Pommes frittes	*French fries*
Reis	*rice*

FONG´s
2021 E. Charleston Blvd.
(Große Neon-Pagode.)
Tel.: (702) 382-1644
Tägl. außer Mo. 13-23 Uhr.
Ältester Chinese von Las Vegas (seit 1955). Kantonesische Küche. Besonders zu empfehlen sind die Ente mit Mandeln *(almond duck)* und die vegetarischen Gerichte.
Gutes Preis - Leistungsverhältnis!

JERUSALEM KOSHER RESTAURANT & DELI
1305 Vegas Valley Drive
Tel.: (702) 735-2878
Mo.-Do. 9-19 Uhr, Fr. 9-15 Uhr u. So. 11-18 Uhr geöffnet. Samstags Ruhetag!
Hervorragende jüdische und mittelöstliche Küche: Suppen, Salate, Kebab, Falafel, gebackenes Huhn, Rindfleisch, Reis und Gemüse und für zwischendurch gut belegte Salami-, Pastrami- und Thunfisch-Sandwiches.

HAMADA SUSHI BAR
3555 Las Vegas Blvd. S.
Tel.: (702) 733-3455
Tägl. 17 Uhr - 2 Uhr früh.
Klassische japanische Sushi Bar, gut und teuer.

HARD ROCK CAFE
4475 Paradise Rd. (Ecke Harmon Ave, auf der Rückseite des Hard Rock Hotels & Casinos.)
Tel.: (702) 733-8400
Burgers und Sandwiches für den kleinen Hunger.
Schon alleine das Ambiente lohnt einen Besuch!

OLD HEIDELBERG
604 E. Sahara Ave (hinter Marie Callender´s)
Tel.: (702) 731-5310
Tägl. außer So. 10-18 Uhr.
Preisbeispiel: Wiener Schnitzel 18 US$ (inkl. Steuer und Trinkgeld).

PLANET HOLLYWOOD
3500 Las Vegas Blvd.
(The Forum Shops at Caesars Palace)
Tel.: (702) 791-7827
Tägl. 11-2 Uhr früh.
Schickeria-Restaurant. Im Umfeld zahlreicher original

Hollywood - Filmrequisiten gibt´s Pizza, Pasta, Fisch und Burgers.

RICARDO´s
MEXICAN RESTAURANT
2380 E. Tropicana Ave
Tel.: (702) 798-4515
und
4300 Meadows Lane
Tel: (702) 798-4515
und
4930 W. Flamingo Rd.
Tel.: (702) 871-7119
Täglich 12 - 22 Uhr geöffnet. Feine mexikanische Küche: Tacos, Tortillas, Burritos und herzhaft gewürzte Fleisch- und Hühnergerichte. Angemessene Preise.

SFUZZI
3200 Las Vegas Blvd. S.
(Fashion Show Mall)
Tel.: (702) 699-5777
Nobelitaliener mit Pizza aus dem Holzofen, Pasta, Fisch- und Fleischgerichten, traumhaften Desserts und europäischen Weinen.

SPAGO
3500 Las Vegas Blvd.
(The Forum Shops at Caesars Palace)
Tel.: (702) 369-6300
Eine weitere Dependance des österreichischen Gourmet-Gastronoms *Wolfgang Puck* neben dem *Spago* in L.A. und seinem *California Café* im MGM Grand Hotel.
Vorne Café (tgl. 11 Uhr bis Mitternacht) und hinten Restaurant (tgl. 17.30 bis 23 Uhr). Italienische und kalifornische Küche. Neben Feinschmecker - Pizza und - Pasta viele leichte Gerichte und köstliche Salate.
Treffpunkt für alle, die gerne sehen und gesehen werden. David Copperfield, Claudia Schiffer und andere Prominente essen gelegentlich hier. Sofern Sie einen Platz bekommen, sollten Sie zumindest im Café einmal eine kleine Pause einlegen und das rege Treiben im Gewölbe der *Forum Shops* beobachten. Bei diesem Ambiente zahlt man gerne für den äußerst aromatischen Cappucino 5 US$ (inkl. Steuer und Trinkgeld).

SWISS CAFE
1431 E. Charleston Blvd.
Tel.: (702) 382-6444
Mo.-Fr. 11.30-14 Uhr.
Leichte Mittagskost.
und
3175 E. Tropicana Ave.
Tel.: (702) 454-2270
Mo.-Fr. 11-14.30 Uhr und
Mo.-Sa. 17-22 Uhr.
Gediegene deutsche, französische, italienische und schweizer Küche. Riesen-Gulaschterrine 4 US$ (inkl. Steuer), große Schnitzelauswahl mit reichlich Gemüsebeilagen, hausgemachten Rösti oder Spätzle und Salatteller zwischen 15 und 18 US$ (inkl. Steuer), hervorragende Fischgerichte (Lachs, Steinbutt, Heilbutt) für rund 15 US$ (inkl. Steuer). Meist kümmert sich Chef Wolfgang Haubold persönlich um die Gäste.

THE BOOTLEGGER RISTORANTE
5025 S. Eastern Ave
(im Tropicana)
Tel.: (702) 736-4939
Di.-Sa. 11.30-22 Uhr, So. 16-22 Uhr, Mo. geschlossen.
Beliebtes Allround - Restaurant. Auf dem Speiseplan: Pasta, Schnitzel, Meeresfrüchte und Steaks.
Gutes Preis - Leistungsverhältnis!

Einkaufen

Sie bekommen in Las Vegas absolut alles, was das Herz begehrt, und das oft billiger und in noch größerer Auswahl als in Europa.
Ungewöhnlich für Reisende aus Europa ist, daß es in den riesigen Malls und Shopping Centers zwar jede Menge Cafés und Restauraunts, aber keine Supermärkte mit Lebensmitteln gibt.

Supermärkte

Wer Zahnpasta, Rasiergel, Lebensmittel oder ein paar Gallonen gutes Trinkwasser für einen Ausflug ins *Death Valley* benötigt, geht in Las Vegas zu ALBERTSON, LUCKY oder auch zur etwas teureren 24-Stunden-

Tankstelle SEVEN-ELEVEN (mit Supermarkt). Günstig gelegen sind:

ALBERTSON
2545 S. Eastern Ave
(Ecke E. Sahara Ave)
Tel.: (702) 431-5414
Tägl. 24 Std. geöffnet!

LUCKY
2747 S. Maryland Parkway
(Ecke Kare Ave)
Tel.: (702) 735-7810
Tägl. 24 Std. geöffnet!

Malls & Shopping Centers

THE BOULEVARD MALL
3528 S. Maryland Parkway
(zwischen Desert Inn Rd. und Twain Ave)
Tel.: (702) 734-1562
Mo.-Fr. 10-21 Uhr, Sa. 10 - 19 Uhr, So. 11-18 Uhr
171 Kaufhäuser, Verkaufsparzellen, Restaurants und Imbiß - Stände, darunter *Broadway, Dillard´s, Marshalls, J.C.Penny, Sears* und *Woolworth.*

THE MEADOWS MALL
4300 Meadows Lane
(Charleston Blvd. Richtung West, Valley View Blvd. rechts abbiegen. Oder: Trolleybus ab DTC, siehe S. 55)
Tel.: (702) 878-4849
Mo.-Fr. 10-21 Uhr,
Sa.+So. 10-18 Uhr
144 Verkaufsparzellen und Kaufhäuser. Die größten: *Broadway, Dillard´s, JC Penny* und *Sears.*

THE FASHION SHOW MALL
3200 Las Vegas Blvd. S.
(Ecke Spring Mountain Rd.)
Tel.: (702) 369-8382
Mo.-Fr. 10-21 Uhr, Sa. 10 - 19 Uhr, So. 12-18 Uhr
Gepflegtes Einkaufszentrum für gehobene Ansprüche. Vertreten sind u. a. die Marken-Ausstatter *Saks Fifth Avenue, Neiman Marcus, Dillards, Robinsons, May and Macy´s* sowie der originelle Papierladen *Papyrus.* Für das leibliche Wohl sorgen zahlreiche Imbiß-Stände, Steven Spielbergs Submarine-Restaurant *Dive!* oder der Nobel-Italiener *Sfuzzi.*

THE FORUM SHOPS
3570 Las Vegas Blvd. S.
(in Caesars Palace)
Tel.: (702) 893-4800
Tägl. 10-23 Uhr, freitags und samstags bis Mitternacht.
Luxus-Einkaufspassage mit zahlreichen Restaurants und Cafes: U. a. *Bertolini´s, Christian Dior, The Disney Store, Gucci, Porsche Design, Sunglass Hut, Gianni Versace, Spago* und *Planet Hollywood.*

Fabrikabverkauf

Unter zahlreichen mehr oder weniger stark reduzierten Waren finden sich auch viele echte Gelegenheiten. Ein Eldorado für Schnäppchenjäger, die sich mit Markenartikeln, deren Preisen und Qualitätsmerkmalen auskennen.
Die zwei großen *Factory Outlets* von Las Vegas finden Sie, wenn Sie den Las Vegas Boulevard in südlicher Richtung fahren, etwa 2 Meilen nach dem *McCarran International Airport* sehen Sie links BELZ FACTORY OUTLET und nach 2 weiteren Meilen rechts FACTORY STORES OF AMERICA.

BELZ FACTORY
OUTLET WORLD
7400 Las Vegas Blvd. S.,
Tel.: (702) 896-5599
Mo.-Sa. 10-21 Uhr,
So. 10-18 Uhr.
U. a. folgende Marken im Angebot: *Adolfo II, Bass, California Luggage, Danskin, Ducks Unlimited, El Mundo, Hush Puppies, Levis, Nike, Oshkosh B´Gosh, Pfalzgraff, Van Heusen.*

FACTORY STORES OF
AMERICA - Outlet Center
9155 Las Vegas Blvd S.
Tel.: (702) 897-9090
Mo.-Sa. 10-20 Uhr,
So. 10-18 Uhr.
U. a. folgende Marken im Angebot: *Adolfo II, American Tourister, Applause, Banister Shoe, Dexter Shoe, Florsheim Shoes, Lee, Quicksilver, Rocky Mountain Chocolate, Sunglass Hut, Van Heusen, Wrangler.*

Sport & Freizeit

Ballonfahren

Haben Sie sich schon einmal vorgestellt, das Lichtermeer der Stadt aus der Perspektive eines lautlos dahingleitenden Ballons zu erleben? In Las Vegas werden auch derart hochfliegende Träume wahr! Allerdings müssen Sie dafür früh aufstehen. Die Ballonfahrten starten in der Regel zwischen 7 und 7.30 Uhr, wenn die Luft noch klar und die Windgeschwindigkeiten gering sind. Abgehoben wird von Wiesen, Schulhöfen oder Stadtparks, die erst am Abend vor dem Flug festgelegt werden und von der zu erwartenden Windrichtung abhängen. Bei entsprechend ruhigen Windverhältnissen werden gelegentlich auch Fahrten am Nachmittag oder bei Sonnenuntergang angeboten. Übrigens: Nach deutscher Sprachregelung ist der Ballon das einzige Luftfahrzeug, das nicht fliegt, sondern fährt!
Ein kleiner Snack, Champagner und die traditionelle Ballonfahrertaufe sind im Preis inbegriffen.

D & R BALLOONS und
THE ULTIMATE
BALLOON ADVENTURE
3275 Rosanna Street
Tel.: (702) 248-7609 (D&R)
Tel.: (702) 221-9199 (ULT.)
Fax: (702) 221-9192
Ganzjähriger Betrieb.
Einstündige Ballonfahrt ca. 125 US$ pro Person. Gruppenermäßigung ab 4 Teilnehmern.

NEVADA HIGH
6425 Tara Ave
Tel.: (702) 873-8393
Fax: (702) 222-0450
Betrieb nur von September bis März.
Einstündige Ballonfahrt ca. 125 US$ pro Person. Gruppenermäßigung auf Anfrage.

AMERICAN
BALLOON CO.
1-800-223-4373
Bietet auch Fesselballon-Fahrten *(Moored Tether Rides)* an.

Bowling

SANTA FE
BOWLING CENTER
4949 North Rancho Drive, North Las Vegas, im Santa Fe Casino & Hotelgelände, ca. 15 Automin. nördlich des Downtown Casino Centers.
Tel.: (702) 658-4995
Tägl. von 8.00 Uhr morgens bis Mitternacht geöffnet.
Spielgebühren pro Stunde und Bahn zwischen 7 und 15 US$, je nach Wochentag und Tageszeit. Bowlingschuhe werden für 1.50 US$ pro Stunde verliehen.

Bungeespringen

AJ HACKETT BUNGY,
810 Circus Circus Drive, Las Vegas Strip, zwischen Travelodge und Circus Circus Hotel.
Tel.: (702) 385-4321
Fax: (702) 734-7581
Öffnungszeiten nach Wind, Wetter und Nachfrage variabel, meist jedoch 12-21 Uhr.
Ein raketenförmiger Aufzug hieft die Wagemutigen auf eine 175 ft (53 m) hohe Plattform.
Nach Bezahlung, Anlegen des Gurtzeugs und Sicher-

Bungee-Jumping: Mit sich selbst Jo-Jo spielen!

Bei 200 km / h den freien Fall zu zweit erleben!

heitscheck kann sich jedermann - oder auch jede Frau - kopfüber in die Tiefe stürzen. Erhöhung des Adrenalin-Spiegels garantiert! Ein todsicheres Vergnügen!
Auf Wunsch: Video, Tauchgang im Hinterhof-Pool, Doppelsprung, Hochzeitsspringen.
Preis: 75 US$ cash, Wiederholungstäter und Gruppen erhalten auf Nachfrage 50% und mehr Ermäßigung.

Fallschirmspringen

Sie müssen nicht gleich einen kompletten Kurs belegen, um einmal Höhenluft zu schnuppern: Das sogenannte *Tandemspringen* bietet Ihnen die Möglichkeit, als Passagier am Bauch eines erfahrenen *Skygod* hängend, bei 120 mph (200 km/h) Geschwindigkeit 45 Sekunden lang den freien Fall aus 12.000 ft (3.600 m) zu genießen!
Bei entsprechenden Wetterverhältnissen täglich ab 8 Uhr. Schulung und Tandemsprünge nur nach telefoni-

scher Voranmeldung.
Preis: ca. 180 US$
Optionen gegen Aufpreis: Hotelabholung, Foto und Video im freien Fall!

SKYDIVE LAS VEGAS
Boulder City Airport
Auf dem Weg zum Lake Mead u. Hoover Damm.
Tel.: (702) 293 - 1860

LAS VEGAS PARACHUTE CENTER
North Las Vegas Airport,
2772 N. Rancho Drive,
zw. Carey u. Cheyenne Ave.
Tel.: (702) 877-1010

Golf

Nomen est Omen: Las Vegas (span.: die Wiesen) verfügt derzeit über etwa 20 Grüns - allesamt *World Champion Golf Courses* mit 18 Löchern. 10 weitere sind in Planung.
Es werden weder Kosten noch Mühen gescheut, damit die riesigen Plätze inmitten der Wüste auch ihre namensgebende Farbe behalten.
Um alle 18 Löcher zu schaffen, ist man etwa 4-5 Stunden in Bewegung. Insider nennen so einen Durchgang *Tee-Time.* Je nach Platz müssen Gäste dafür stolze 90 bis 150 US$ hinblättern. Dazu kommt die Ausrüstungsleihgebühr von 25 US$ pro Tag und für *Greenhorns* eine Lehrergebühr in Höhe von 60 US$ pro Stunde.

WORLD CLASS SPORTS
1631 E.Sunset Rd. C 105
Tel.: (702) 361-8778
oder 1-800-332-8776
Fax: (702) 361-4970
Nimmt ohne Aufpreis Vorreservierungen *(Tee-Time Reservations)* für alle Golfplätze in Las Vegas und Umgebung an. Angabe der Kreditkartennummer als Zahlungsgarantie erforderlich!

Klettern

CLIMBING WALL
810 Circus Circus Drive,
Las Vegas Strip, zwischen Travelodge und Circus Circus Hotel.
Tel.: (702) 385-4321
Fax: (702) 734-7581

Der Mini-Klettergarten befindet sich hinter dem Büro der Bungee-Springer. Für 10 bis 20 US$ können Sie dort einen halben Tag herumkraxeln.

SKY´s THE LIMIT
Climbing School & Guide Service
HCR 33, Box 1
Red Rock, NV 89124-0038
Tel.: (702) 363-4533
Fax: (702) 363-0038
Bürozeiten Mo.-Fr. 9-17 Uhr
Die Schule befindet sich ca. 1 Meile vom *Red Rock Canyon Visitor Center* entfernt.
Es werden 6- bis 8-stündige Klettertouren im *Red Rock Canyon* Gebiet angeboten. Der Standardkurs inklusive Stellung der Ausrüstung vom Haken, Helm über Seil und Gurtzeug bis hin zu geeignetem Schuhwerk sowie Lunch und nötigenfalls Abholung vom Hotel kostet ca. 130-160 US$ pro Person. Für je 4 Teilnehmer steht ein erfahrener Bergfex zur Verfügung. Außerdem im Angebot: geführte Klettertouren in ganz Nevada.

Radfahren

Ob es wirklich so eine gute Idee ist - wie die schnelle Eingreiftruppe der Polizei von Las Vegas - in der Stadt mit dem Mountain Bike herumzufahren, sei dahingestellt.
Der Radler, der sein tägliches Training nicht missen möchte, findet in Vegas sowohl Montain Bikes als auch Rennräder zu leihen. Einige Verleiher bieten organisierte Touren (mit Fahrrad-Antransport) zu den nahegelegenen Naturparks an.

MOUNTAIN BIKE ADVENTURES
(Fahrradlieferung in Ihr Hotel.)
Tel.: (702) 596-2953
Täglich geöffnet.
Leihgebühr je nach Fahrrad-Typ 25-40 US$ pro Tag oder 80-100 US$ pro Woche.
Organisierte Tagestouren im Red Rock Canyon Gebiet für ca. 60 US$.

BIKES USA
1539 N.Eastern Ave
Tel.: (702) 642-2453

1.Tag 20 US$, jeder weitere Tag 15 US$, Helm-Leihgebühr 3 US$ / Tag.

DOWNHILL BICYCLE TOURS, INC.
1209 S. Casino Center Blvd., Suite 122
Tel.: (702) 897-8287
Eine typisch amerikanische Idee für Radfreunde mit etwas weniger Kondition: Mit dem Bus geht´s bergauf, mit dem Fahrrad nur bergab!
Unser Tip: Bremsen kontrollieren!

Rafting

BLACK CANYON RAFT TOURS
1297 Nevada Hwy. (Expedition Depot)
Tel.: (702) 293-3776
Organisierte Schlauchbootfahrten (Kapazität: 45 Personen je Boot) auf dem *Colorado River* zwischen *Hoover Dam* und *Willow Beach.* Für jede Altersstufe.
Nur von Anfang Februar bis Ende November!
Inklusive Transfer von und zu Ihrem Stadthotel und Mittagessen 65 US$ für Erwachsene und 38 US$ für Kinder zwischen 5 und 12 Jahren. Kinder unter 5 Jahren zahlen nichts.

Reiten

Ausreiten im Wilden Westen, mit echter Cowboy- und Lagerfeuer-Romantik - auch das gibt´s ganz in der Nähe der Neon-Metropole:

BONNIE SPRINGS OLD NEVADA
Hwy. 159 West of Las Vegas, in der Nähe des Red Rock Canyons (siehe Karte S. 143).
Tel.: (702) 875-4191
Reiten zwischen 9 und 15 Uhr möglich, die Ranch ist bis 17 Uhr geöffnet.
Einstündiger Gruppenausritt in die Prärie kostet runde 20 US$.
Zur Ranch gehören auch ein Wildwestpark mit Cowboy-Stuntaufführungen, ein Saloon, ein Restaurant, eine Bimmelbahn sowie ein kleiner Zoo.

MOUNTAIN T RANCH
140 Kyle Canyon Rd.,
US-Hwy. 95 North, dann Hwy. 157 (= Kyle Canyon Rd.) nach Westen Richtung Mt. Charleston einbiegen.
(siehe Karte S. 143)
Tel.: (702) 656-8025
Fax: (702) 656-1862
Ganzjährig und täglich geöffnet, im Sommer 8-18 Uhr, im Winter 8-16 Uhr.
Kosten: von 20 US$ für 90 Minuten bis zu 100 US$ für den Tagesausritt mit Lunch und BBQ.
Mindestalter: 7 Jahre

Rollschuhlaufen

CRYSTAL PALACE SKATING CENTERS

4680 Boulder Hwy.
Tel.: (702) 458-7107

3901 N. Rancho Dr.
Tel.: (702) 645-4892

4740 S. Decatur Blvd.
Tel.: (702) 253-9832

1110 E.Lake Mead Dr.
Tel.: (702) 564-2790

Neben gemütlichem Familien - Rollschuhlauf werden auch Schnellauf-Wettbewerbe und Rollschuh-Hockey-Wettbewerbe ausgetragen.
Der Eintritt kostet 5 US$, die Rollschuhleihgebühr 4 US$.

Schiffahrten

LAKE MEAD CRUISES
Lake Mead Resort Marina
Tel.: (702) 293-6180
Die einem Mississippi-Schaufelraddampfer nachempfundene *Desert Princess* (Kapazität: 300 Personen) schippert 2-3 mal täglich von der Lake Mead Marina (ausgeschildert) zum Hoover Damm und zurück. Ein beschauliches Vergnügen für jede Altersklasse.
Dauer: etwa 90 Minuten
Erwachsene 15 US$ / Kinder 3-12 J. 6 US$, darunter frei.

Schlittschuhlaufen

SANTA FE ICE ARENA
4949 North Rancho Drive
(North Las Vegas, im Santa Fe Casino & Hotelgelände,

ca. 15 Automin. nördlich des Downtown Casino Centers)
Tel.: (702) 658-4991
Öffnungszeiten variabel.
Kunsteisbahn auf der sowohl Eisrevues aufgeführt als auch Eishockeyspiele ausgetragen werden. Tagsüber kann sich jedermann für 5 US$ auf´s Glatteis wagen. Schlittschuhe (Kunstlauf- und Hockeystiefel) werden für 2 US$ pro Paar verliehen.

Schwimmen

Fast alle größeren Hotels verfügen über eigene Swimming Pools, die jedoch nur Hotelgästen vorbehalten sind. Besonders luxuriös sind die Pools des Caesars Palace, des Excalibur, des Luxor, des MGM und des Mirage. Wer nicht die Privilegien eines Nobelhotels genießt, findet Erfrischung an den Ufern des Lake Mead (s. Seiten 142/143), in der gigantischen Anlage des Wet´n Wild oder im städtischen Bad.

Wellenbad im Wet´n Wild

WET´N WILD,
2601 Las Vegas Blvd. South, (zwischen Sahara Ave. und Desert Inn Road),
Tel.: (702) 734-0088
und (702) 871-7811
Zwischen Mitte April und Ende September von 10.00 Uhr bis ca. 20.00 Uhr geöffnet.
Für den gesalzenen Eintrittspreis von 20 US$ für Erwachsene und Jugendliche und 15 US$ für Kinder (3-9 Jahre) wird eine Menge geboten: mehrere Wasserrutschen (*Der Stuka* am *Bomb Bay,* rechte Rutsche ist am schnellsten!), Wellenbad *(Wave Pool),* Kinderbecken, Schwimmreifen-, Whirlpool- und Duschvergnügen sowie ein Surf-Simulator. Leider ist das Gelände fast völlig zubetoniert und die Liegestühle werden in der Hochsaison knapp.
Achtung: Falls Sie wiederkommen möchten, können Sie vor dem Hinausgehen ein stark ermäßigtes Tagesticket kaufen, das Sie allerdings innerhalb von 7 Tagen verwenden müssen.

MUNICIPAL SWIMMING POOL,
431 Bonanza Rd.,
Downtown Las Vegas (Ecke Casino Center Blvd.),
Tel.: (702) 229-6309
Variable Öffnungszeiten. Eintritt 1,50 US$ für Erwachsene und 0,75 US$ für Kinder (3-17 Jahre).
Das kleine, städtische Bad ist von Mai bis September ein Freibad und wird von Oktober bis April durch Überstülpen einer Plastikhaube zum Hallenbad.

Skifahren

Kaum zu glauben, aber wahr: Gerade mal eine Autostunde von der Wüstenstadt Las Vegas entfernt, liegt ein wahres Skifahrerparadies, das zwischen Oktober und April die Fans der weißen Pracht auf die Bretter ruft.
Das Gebiet um den Mount Charleston (11.918 ft = 3.633 m) bietet Abfahrten aller Schwierigkeitsgrade.
Die Pisten am Lee-Canyon sind mit drei Doppel-Sessel-liften erschlossen. 13 Ab-

fahrten sind markiert. Anfänger trainieren am Übungshügel *Rabbit Peak,* Fortgeschrittene tummeln sich auf *Bimbo I und II* und echte Könner wagen sich auf die *Slot Alley* und *Flying Home*-Abfahrten.
Die Anfahrt erfolgt über Interstate-Highway 95 North, u. State Hwy. 156 =Lee Canyon Rd. (s. Karte S. 143)

Lee Canyon Schneebericht und Straßenverhältnisse (24 Stunden) hören Sie unter
Tel.: (702) 593-9500.

SKI LEE RENTALS,
TOUR INFO & BUS
Stadtbüro Las Vegas
2395 N. Ranche Rd.
Las Vegas, NV 89130
Tel.: (702) 646-0008
Schneekettenverleih, Lifttikkets, Ski- und Skianzugverleih, Bus-/Minibus-Transfer.

LEE CANYON SKIING,
Skischule
Tel.: (702) 872-5462

LAS VEGAS SKI CLUB
Skischule
Tel.: (702) 458-0469

Strömungsfliegen

Vor mehr als 30 Jahren wurden Spezialeinheiten der russischen Luftlandetruppen in einem Windtunnel an den freien Fall gewöhnt. Nun ist die Idee wiedererwacht: Nach dem Airodium in der Nähe des Züricher Flughafens und einem ähnlichen Projekt in Tokio, hat nun auch Las Vegas einen Freifallsimulator.
Die Einweisung dauert etwa 15 Minuten. Anschließend werden die Flugwilligen eingekleidet (Springerkombi, Schutzhelm) und können im Luftstrom eines starken Elektromotors abheben.

FLYAWAY
200 Convention Center Dr.
Tel.: (702) 731-4768
Fax: (702) 731-0051
Mo.-Sa. 11-19 Uhr,
So. 11-17 Uhr
Erstflug mit Einweisung ca. 25 US$, jeder weitere Flug ca. 20 US$. Im 15 minütigen Gebläselauf wechseln sich 5 Teilnehmer ab, so daß jeder etwa 3 Minuten Freifallsimulation erleben kann.
Prädikat: Empfehlenswert!

Tennis, Squash und Racquetball

Neben den Tennisanlagen in allen großen Hotels (siehe Hotelverzeichnis) gibt´s noch zahlreiche schöne und preiswerte Plätze in öffentlichen Parks, u.a. im:

JAYCEE PARK
St. Louis / Eastern Ave
Tel.: (702) 386-6297

ANGEL PARK
Westcliff / Durango Dr.
Tel.: (702) 255-9515

SUNSET PARK
2575 East Sunset Rd.
Tel.:(702) 455-8200.

Das in Europa so populäre *Squash-Spiel* englischen Ursprungs werden Fans dieser Sportart in den USA vergeblich suchen. Die Amerikaner haben daraus die Variante *Racquetball* entwickelt: Der mit einer Schlaufe ums Handgelenk gesicherte Schläger ist kürzer als beim Squash und verfügt über eine größere Schlagfläche. Die Bälle sind schneller und alle Begrenzungen des Courts - einschließlich der Decke - dürfen mitgespielt werden. Versuchen Sie´s mal bei:

TWIN LAKES RACQUET CLUB
3075 W. Washington Blvd.
Tel.: (702) 647-3434

LAS VEGAS ATHLETIC CLUB
1070 E. Sahara Ave
Tel.: (702) 731-7110

oder im
CAESARS PALACE.

Vergnügungsparks

FORMULA K
FAMILY FUN PARK
2980 S. Sandhill Rd.
Tel.: (702) 431-72231
Öffnungszeiten variabel, meist jedoch 15-21 Uhr.
Auf Nevadas größter Go-Kart-Anlage darf jeder über 54 inch (137 cm) Körpergröße Gas geben. Kleinere Kinder können schon mal auf einer Mini - Go - Kart - Bahn üben. Auf beiden Anlagen kosten 6 Min. ca. 4 US$.

Außerdem auf dem Gelände: 36-Loch Minigolf- Platz.

FUNTAZMIC
4975 Polaris Ave
Tel.: (702) 795-4386
Zahlreiche Fahrgeschäfte, u.a. Achterbahn und Auto-Scooter.

GRAND SLAM CANYON
2880 Las Vegas Blvd.
(im Circus Circus)
Tel.: (702) 794-3912
So.-Do. 11-19 Uhr,
Fr.+ Sa. 11-24 Uhr.
Achterbahn für alle Altersklassen im klimatisierten Zelt. 1 Fahrt 4 US$, Tageskarte 14 US$.

MGM GRAND
ADVENTURE & THEME PARK
(siehe S. 92)

Museen

Kindermuseen

LIED DISCOVERY
CHILDREN´s MUSEUM
833 Las Vegas Blvd. North
Tel.: (702) 382-3445
Fax: (702) 382-0592
Di.-Sa. 10-17 Uhr, So. 12-17 Uhr, montags geschlossen.
Erwachsene ca. 5 US$, Kinder und Jugendliche zw. 12 und 18 J. 4 US$, Kinder zw. 3 und 12 J. 3 US$, Kleinkinder unter 3 J. frei.
Genau das, was Kinder in den meisten Museen nicht dürfen, ist hier ausdrücklich erlaubt: alles anfassen! Sie sollen es sogar, denn viele der über 100 Ausstellungsstücke haben lehrreichen Charakter. U.a. können die Kinder eine Riesen-Seifenblase um sich aufbauen, durch Hüpfen auf verschiedene Tonfelder Lieder erzeugen und sich an zahlreichen Geschicklichkeitsspielen üben.

Der Dino bewegt sich und röhrt - bitte nicht füttern!

RON LEE´s WORLD OF CLOWNS
330 Carousel Parkway
Henderson, NV 89014
Tel.: (702) 434-3920
Fax: (702) 434-4310
Täglich 9-17 Uhr geöffnet. Eintritt frei.
Eine Mischung aus Fabrik, Museum und Verkaufsausstellung. Die Besucher können u.a. den Herstellungsprozeß von Miniatur-Clowns verfolgen und (kostenpflichtig) Runden auf einem nostalgischen Pferdekarussell drehen.

Naturhistorisches Museum

LV NATURAL HISTORY MUSEUM
900 Las Vegas Blvd. North
Tel.: (702) 384-3466
Tägl. 9-16 Uhr
Erwachsene ca. 6 US$, Kinder 4 US$.
Lebensnah dargestellte Tierwelt vom animierten Dinosaurier bis zum echten Haifisch. Spielraum für Kleinkinder mit Plüschtieren zum Anfassen.

Kunst, Kitsch und Rekorde

LV ART MUSEUM
3333 W.Washington Ave.
(Lorenzi Park)
Tel.: (702) 647-4300
Di.-Sa. 10-15 Uhr,
So. 12-15 Uhr
Drei Gallerien zeigen die Arbeiten zeitgenössischer Künstler. Die Ausstellungen wechseln in der Regel monatlich.

LIBERACE MUSEUM
1775 East Tropicana Ave
(Liberace Plaza)
Tel.: (702) 798-5595
Fax: (702) 798-7386
Mo.-Sa. 10-17 Uhr,
So. 13-17 Uhr
Eintritt ca. 7 US$ für Erwachsene und 3 US$ für Kinder zwischen 6 und 12 J.
Der Nachlaß des 1987 im Alter von 67 Jahren an AIDS verstorbenen *Walter Valentino Liberace* kann schon fast mit der Ausstellung der Kronjuwelen im Londoner Tower konkurrieren. Bereits zu Lebzeiten brüstete sich "Mr. Showmanship" gerne

Liberaces Lieblingskarossen

Der erfolgreichste Schwertschlucker der Welt

damit, daß es ihm an nichts fehle - außer an Bescheidenheit. Die Sammlung des begnadeten Pianisten reicht von einem glitzernden Baldwin-Flügel über die Uniform von Zar Nikolaus bis zum spiegelbesetzten Spezial-Rolls Royce.

Ein paar echte Perlen der Geschichte unter viel Kitsch und Glamour.

GUINESS WORLD OF RECORDS MUSEUM
2780 Las Vegas Blvd S.
(neben der Einfahrt zum Circus Circus, hinter Arby´s)
Tel.: (702) 792-3766
Fax: (702) 792-0530
Tägl. 9-18 Uhr
Eintritt ca. 5 US$ für Erwachsene und 3 US$ für Kinder zw. 5 und 12 Jahren. Kinter unter 5 sind frei.

Zahlreiche Rekorde aus dem bekannten Buch sind plastisch dargestellt, u.a. der größte Mann (272 cm), die kleinste Frau (61 cm), der schwerste Mann (485 kg), der erfolgreichste Schwertschlucker, der lauteste Schnarcher und der eifrigste Spaghetti-Esser.

Naturparks

Lake Mead & Boulder Beach

Alan Bible Visitor Center
Tel.: (702) 293-8990
Tägl. 8.30-16.30 Uhr.

National Park Service
Lake Mead Recreation Area
Tel.: (702) 293-8906
Notruf: (702) 293-8932

Der Besuch des etwa 30 Meilen (50 km) von Downtown Las Vegas entfernten *Lake Mead* (sprich: Lëik Mied) lohnt sich allemal. Wem nicht nach Schwimmen, Wasserskifahren, Motorbootfahren oder Fischen zumute ist, der kann die landschaftliche Schönheit der zahlreichen Buchten und Sandsteinberge entlang des Sees bewundern und den Ausflug mit einer Besichtigung des nahegelegenen Hoover Damms verbinden.

Sie verlassen die Stadt entweder über den US-Hwy 93/95 oder über den Boulder Highway in südöstlicher Richtung. An der Gabelung zwischen Hwy. 95 (South) und Hwy. 93 (East) wählen Sie den Hwy. 93. Von hier aus sind es - über Boulder City - noch 7 Meilen (11 km) bis zum *Alan Bible Visitor Center.* Dort erwartet Sie eine kleine Ausstellung (Eintritt frei!) über die naturhistorische Entwicklung des Erholungsgebiets um den See und seine Flora und Fauna. Auf Anfrage erhalten Sie kostenlos eine hervorragende Detailkarte der Umgebung.

Der Lake Mead entstand in den frühen 30er Jahren durch den Rückstau des aus dem Grand Canyon kommenden *Colorado Rivers* beim Bau des Hoover Damms. Heute zieht die *Lake Mead National Recreation Area* jährlich rund 8 Millionen Besucher an. Der glasklare See bringt es auf eine Küstenlinie von insgesamt 550 Meilen (885 km) und staut bis zu 36 Milliarden Kubikmeter Wasser. An seiner tiefsten Stelle mißt er 500 ft (152 m).

Das Gewässer des Lake Mead ist reich an besten Süßwasserfischen (Regenbo-

Las Vegas
Umgebungsplan
© Gabi & Klaus Heller
Richtung Death Valley
Tonopah und Reno
Richtung Zion- u. Bryce Canyon, Salt Lake City
Glendale
Longandale
Overton
VALLEY OF FIRE
NEVADA
Mount Charleston 11.918 ft / 3.633 m
Lee Canyon Rd.
Kyle Canyon Rd.
LAS VEGAS
North Shore Rd.
Lake Mead Blvd.
RED ROCK CANYON
Charleston Blvd.
Tropicana Ave
Rainbow Blvd.
Las Vegas Blvd.
HENDERSON
Boulder Hwy.
LAKE MEAD
Hoover Dam
Temple Bar Rd.
BOULDER CITY
ARIZONA
N
Richtung Los Angeles
Richtung Searchlight Laughlin
Richtung Kingman Grand Canyon
95
156
157
15
93
168
169
167
147
515
159
160
146
166

genforellen, verschiedene Barscharten) und lockt die Fischer ebenso an wie Las Vegas die Spieler. An den Marinas *Boulder Beach, Las Vegas Bay, Callville Bay, Echo Bay, Overton Beach* und *Temple Bar* kann jeder für ein paar Dollars Angelrute, Köder und die Lizenz zum Fischen kaufen.
Boulder Beach ist der nächste, von Las Vegas aus erreichbare Badestrand am Südzipfel des Sees, ganz in der Nähe des Besucherzentrums. Der etwa 2 Meilen (3 km) lange Strandstreifen mit Sektionen für Wasserskifahrer und Schwimmer sowie Bootsanlegestelle und Campingplatz ist nicht unbedingt eine Schönheit. Man findet jedoch Abkühlung und etwa 200 m vom Strand entfernt eine überdachte Picknick-Halle mit diversen Feuerstellen, an denen jeder sein Steak oder den frisch gefangenen Fisch grillen kann. (Holzkohle ist selbst mitzubringen!)

Hoover Damm

Tel.: (702) 293-8367
Weiter auf dem Hwy. 93 erreichen Sie nur 5 Meilen (8 km) nach dem Alan Bible Visior Center (Anfahrt siehe Lake Mead) den größten Staudamm der westlichen Hemisphäre.
Der Colorado River, der sich von den Rocky Mountains bis zum Golf von Kalifornien windet, war seit Urzeiten ein Problem für die Siedler und Bauern: Nach der Schneeschmelze zerstörte er oft ganze Landstriche durch Überflutung und im Hochsommer vertrockneten die Felder mangels Wasser.
Der Bau des Staudamms am Black Canyon schlug mehrere Fliegen mit einer Klappe: Die Bewässerung der Felder und die Trinkwasserversorgung zahlreicher Städte konnte über das ganze Jahr ebenso stetig gesichert werden wie die Stromversorgung, aus deren Einnahmen sich der Bau, Ausbau mit weiteren Generatoren und Unterhalt des Damms noch dazu voll finanzierte.

Auf Betreiben des Ingenieurs, Landschaftsschützers und 31. Präsidenten der USA, *Herbert Hoover,* wurde das damalige 175 Millionen Dollar-Projekt zwischen 1931 und 1935 errichtet. Auch das ist einmalig in der Geschichte: Die 5.000 Arbeiter bewältigten den Bau der Wand damit 2 Jahre früher als ursprünglich geplant!

Der wuchtige 726 ft (221 m) hohe Betonwall ist an seiner Basis 660 ft (201 m) und am oberen Ende nur noch 45 ft (14 m) dick. Die Oberkante erstreckt sich über eine Länge von 1.245 ft (380 m). Der Highway 93 windet sich in langen Serpentinen hinunter zum Damm. Mehrere Parkplätze auf der Westseite des Bauwerks laden zum Anhalten ein und bieten einen wunderbaren Ausblick. Nachts erglüht die Wand gespenstisch im Scheinwerferlicht zwischen den umgebenden Sandsteinbergen des *Black Canyon.* Der Highwayabschnitt über dem Damm trennt Nevada von Arizona. (In *Arizona* gilt übrigens die *Mountain Time,* d. h. Uhren um 1 Stunde vorstellen, wenn Sie aus Nevada kommen!)

Der durch den Hoover Damm regulierte *Colorado River* versorgt u.a. noch Los Angeles und San Diego mit Trinkwasser, während die Frischwasserleitungen von Las Vegas vorwiegend aus dem *Lake Mead* gespeist werden.

Nachdem der letzte der 17 Generatoren 1960 zugeschaltet und die gesamte Anlage in jüngster Zeit immer effizienter gemacht wurde, erzeugt sie heute durchschnittlich mehr als 2 Millionen Kilowatt Strom und deckt damit nicht nur den gewaltigen Bedarf von Las Vegas, sondern versorgt darüber hinaus noch Teile Arizonas und Südkaliforniens.

Für ein paar Dollar Eintritt können Sie im Sommer zwischen 8 und 18.45 Uhr und im Winter zwischen 9 und 16.15 Uhr mit dem Aufzug zur Basis der Wand hinunterfahren und den imposanten Turbinenraum besichtigen. Die Führung dauert etwa eine halbe Stunde.

Red Rock Canyon

Red Rock Canyon

Visitor Center
Tel.: (702) 363-1921
Besucherzentrum ist tägl. von 8-16.30 Uhr und die Straße durch den Park von 7-20 Uhr geöffnet.

Das schönste Naherholungsgebiet von Las Vegas erreichen Sie, indem Sie dem Charleston Blvd. in westlicher Richtung folgen, schon nach 20 Minuten Fahrzeit (ab Kreuzung Las Vegas Blvd). Sofern Sie auf einem der 4 Picknick-Plätze pausieren und dinieren wollen, sollten Sie sich schon in der Stadt mit Proviant eindecken, z.B. einem Sack Holzkohle (Grillvorrichtungen gibt´s im Park), ein paar saftigen Ribeye-Steaks und Getränken oder einfach nur mit Sandwiches.

Das Besucherzentrum am Beginn des *Scenic Loop Drives* präsentiert eine sehenswerte Ausstellung über die geologische Entstehung und historische Entwicklung der Region. Hinter dem Gebäude befindet sich ein interessanter Pflanzen-Lehrpfad.

Die Rundstraße (Scenic

Valley of Fire

Loop) führt über 13 Meilen (21 km) durch die *Red Rock Canyon National Conservation Area.* Die übereinandergeschobenen Felsplatten schillern in den verschiedensten Farben, von weiß über grau bis ins Rot und die karge Wüstenvegetation erinnert an Karl May. Manchmal hört man sogar die Koyoten heulen. Markierte Wanderwege führen auf die Spuren der Paiute-Indianer, die hier vor 900 Jahren gelebt haben. Ein Besuch der nahegelegenen Spring Mountain Ranch, Tel.: (702) 875-4141 lohnt.

Valley of Fire & Overton

Visitor Center
Tel.: (702) 397-2088
(Achtung: 702-Vorwahl muß auch bei Anrufen aus Las Vegas mitgewählt werden!)

Für dieses grandiose Naturschauspiel sollten Sie sich einen ganzen Tag Zeit nehmen.

Der *Valley of Fire State Park* liegt im Nordosten von Las Vegas. Sie können den Park entweder vom Westen her über den Interstate-Hwy. I-15, Abzweigung Bundes-

straße 169 (ca. 50 Meilen ab LV Downtown, vorwiegend Autobahn, eine gute Autostunde) oder über die Bundesstraßen 147, 167 - entlang des Lake Mead - und 169 vom Osten her (ca. 60 Meilen Landstraße, gute 2 Autostunden) anfahren. Siehe dazu Umgebungsplan, S. 143!
Wir empfehlen die Anfahrt über den Interstate-Hwy. 15 und die Rückreise über die Landstraßen. Sie verlassen die Stadt Richtung Norden und nehmen nach etwa 30 Meilen den Exit 75 in die Bundesstraße 169.
Das Land beidseits des Highways ist Stammesgebiet der *Moapa Paiute Indianer.* Direkt an der Abzweigung sehen Sie ein paar Holzbaracken, in denen die Eingeborenen selbstgemachte kunstgegewerbliche Gegenstände verkaufen. Erwarten Sie jedoch keine Schnäppchen und bedenken Sie beim Feilschen um den Preis, unter welch harten Bedingungen die Indianer hier leben und arbeiten.
Nach etwa 10 Meilen Fahrt durch eher trostlose Wüstenlandschaft sehen Sie plötzlich das *Tal des Feuers* in seiner ganzen Schönheit vor sich liegen und zahlen bereitwillig die paar Dollar Eintritt, die Ihnen Park Ranger irgendwo auf der Strecke abknüpfen.
Im *Atlatl Rock Camp* finden Camper für 7 US$ pro Nacht einen Stellplatz in pittoresker Umgebung. Unter den bizarren Felsformationen, die Wind und Wetter hier ausgewaschen haben, sind die *Beehive-Rocks,* in Bienenstockform dastehende Felsblöcke, besonders verbreitet. Das leuchtende Rot des Gesteins ist auf Korrosion (Rost) winziger Eisenpartikelchen im Laufe jahrhundertelanger Wetterexposition zurückzuführen. Je eisenhaltiger der Fels, desto röter.
Etwa in der Mitte des Parks liegt auf der nördlichen Straßenseite unübersehbar das *Visitor Center.* Neben einer kleinen Ausstellung über den Park finden Sie hier u. a. umfangreiche Fachliteratur über Flora und Fauna der Wüste, vom Kaktus über Klapperschlangen bis hin zur Schwarzen Witwe. Ganz in

Lost City Museum / Overton

der Nähe des Besucherzentrums sind Felszeichnungen der *Anasazi-Indianer* (s. Geschichte, S.62) zu sehen.
Am Ostende des Parks können Sie entweder Richtung Süden über Overton Beach (4 Meilen) am Lake Mead entlang auf den Bundesstraßen 167 und 147 nach Las Vegas zurückfahren, oder Richtung Norden einen Abstecher in das nur 9 Meilen entfernte Overton unternehmen. **Overton** ist ein verschlafenes Nest, das eigentlich nur 2 Besonderheiten anzubieten hat:

LOST CITY MUSEUM
721 S. Moapa Valley Blvd.
Tel.: (702) 397-2193
Tägl. 8.30-16.30 Uhr.
Zeigt zahlreiche Ausgrabungsstücke alter Indianerkulturen.

THE INSIDE SCOOP
Ralph & Joyce Spencer
387 S. Moapa Valley Blvd.
Tel.: (702) 397-2055
Tägl. 10-19 Uhr. Das beste Café in 50 Meilen Umkreis mit Eisspezialitäten und hervorragenden Sandwiches.

Grand Canyon

Der *Grand Canyon* ist eines der größten Naturwunder unserer Erde und - wenn Sie ihn noch nicht gesehen haben - ist der Ausflug dorthin fast eine Pflichtübung.
Obwohl der Nationalpark direkt an die Ostausläufer des *Lake Mead* anschließt und sozusagen zum Greifen nahe direkt vor den Toren von Las Vegas liegt, müssen Sie für einen Ausflug mit dem Leihwagen mindestens 2 Tage veranschlagen und wenn Sie in den Canyon hinabsteigen wollen, noch 1-2 weitere Tage. Das liegt daran, daß das gewaltige Felsmassiv des bereits zu Arizona gehörenden Grand Canyon auf dem Landweg nicht so einfach zugänglich ist. Die ca. 300 Meilen (knapp 500 km) lange Strecke vom Las Vegas Strip bis zum Hauptaussichtspunkt *Grand View* führt zuerst über den Hwy. 93 South nach *Kingman,* dann über den Interstate Hwy. 40 East nach *Williams* und von dort über den Hwy. 64 schnurstracks Richtung Norden über *Valle, Tusayan* und das *Grand Canyon Village* zu Ihrem Ziel. Es ist im Sommer schwierig, ohne lange Vorreservierung eine Unterkunft im Grand Canyon Village - Zentralreservierung Tel.: (303) 297-2757 / Fax: -3175 - zu bekommen. Sie müssen dann auf die umliegenden Orte ausweichen.
Wenn Sie - wie die meisten Las Vegas-Besucher - nur über wenig Zeit verfügen, besuchen Sie den Canyon am besten per Flugzeug oder Hubschrauber (Anbieter von Tages- und Halbtagestouren siehe S. 58-60).
Der Canyon ist ein einzigartiges Lehrstück der Geologie: Während sich die Gesteinsschichten im Laufe von über 10 Millionen Jahren langsam um mehr als tausend Meter anhoben, fräste sich der *Colorado River* mit erbarmungsloser Stetigkeit seine Schlucht in den Fels. Diese ist heute 1.600 m tief, 450 km lang und an ihrer weitesten Stelle knapp 30 km breit. Der touristisch am besten erschlossene südliche Rand *(south rim)* der

Grand Canyon

Schlucht liegt 2.000 m über dem Meeresspiegel und wird vom schwer zu erreichenden Nordrand um etwa 300 m überragt.

Der Abstieg in das Tal gewährt nicht nur einen atemberaubenden Ausblick, sondern führt Sie durch 4 verschiedene Klima- und Vegetationszonen und alle geologischen Epochen der letzten 2 Milliarden Jahre. Diese werden Ihnen durch zahlreiche Hinweis- und Informationstafeln am Wegesrand erläutert. Da Sie mit Temperaturunterschieden bis zu 30 Grad rechnen müssen (oft liegt oben noch Schnee, während unten schon die Kakteen blühen), sollten Sie sich entsprechend ausrüsten.

Für den Abstieg über den noch am einfachsten zu bezwingenden *Bright Angel Trail* benötigt man etwa 4 Stunden, für den Aufstieg gut doppelt so lange.

Im *Visitor Center* erfahren Sie, wie Sie eine Abstiegserlaubnis *(Permit)* erhalten und ob noch Übernachtungsmöglichkeiten im Canyon (teuer!) frei sind.

Death Valley

Park Service & Visitor Ctr.
Furnance Creek
Tel.: (619) 786-2331
24 Std. geöffnet.
5 US$ Park-Eintritt per Pkw, gilt 7 Tage lang.

Das *Death Valley* wurde erst 1994 zum Nationalpark erklärt und gehört bis auf eine kleine Ecke (bei Beatty / Nevada) zum Bundesstaat Kalifornien.
Das karge Wüstental, das für die frühen Siedler als schwierigste Hürde auf dem Weg in den goldenen Westen galt, verfügt heute über einige recht gut ausgebaute Straßen, die Sie jedoch keinesfalls verlassen sollten. Außerdem empfiehlt es sich, ein paar Gallonen Wasser mitzunehmen und den Leihwagen vor Anbruch der Fahrt nochmals gründlich durchzuchekken (Reifendruck, Kühlerwasser, Klimaanlage, Tank voll!), damit Ihr wichtigster Weggefährte nicht bei Höhenunterschieden um die 2.000 m und Temperaturen von bis zu 50 Grad im Schatten (Sommer) schlappmacht.
Wirklich interessant und landschaftlich abwechslungsreich ist vor allem die südliche Hälfte des Nationalparks und genau die können Sie ab Las Vegas gerade noch als Tagesausflug bewältigen, sofern Sie entsprechend früh aufbrechen.
Auf dem Interstate-Hwy. 95 verlassen Sie die Stadt in nordöstlicher Richtung. Nach 83 Meilen (134 km) ab Downtown Las Vegas erreichen Sie die Mini-Siedlungen *Lathrop Wells / Amargosa Valley* am Rande des größten *Atomversuchsgeländes der USA*. Hier biegen Sie links auf die Bundesstraße 373 ein, die ab kalifornischer Grenze 127 heißt. Nach 23 Meilen (37 km) erreichen Sie *Death Valley Junction.* Dort biegen Sie rechts auf die Bundesstraße 190 ab, die Richtung *Furnance Creek* führt. Nach wenigen Meilen zweigt links eine steile Serpentinenstraße ab, die zu *Dantes View* führt. Diesen Abstecher sollten Sie sich nicht entgehen lassen, denn

Death Valley / Zabriskie Point

von dem 5.475 ft (1.670 m) hohen Plateau haben Sie den besten Ausblick über das gesamte *Tal des Todes.* Nachdem Sie wieder zur Bundesstraße 190 zurückgekehrt sind, biegen Sie links ab und erreichen schon bald den aus dem gleichnamigen Antoni-Film bekannten *Zabriskie Point* mit seinem wellenförmigen Felsrücken.

Anschließend geht´s weiter zur Oase *Furnance Creek,* dem Herzen des Death Valley mit *Visitor Center, Borax Museum* und dem Hotelkomplex *Furnance Creek Ranch* (ab 100 US$) und *Furnance Creek Inn* (ab 250 US$), Tel.: (619) 786-2361, mit Restaurant, Swimming-Pool, Tennis- und Golfanlage. Im *Visitor Center* erhalten Sie gutes Karten- und Informationsmaterial.

Für die Rückreise nach Las Vegas wählen Sie nun am besten die Bundesstraße 178, die Sie schon nach wenigen Meilen am *Devils Golf Course,* einem vor 2.000 Jahren ausgetrockneten Salzsee mit 1-2 Meter dicker, bizarr geformter Salzkruste, vorbeiführt.

Es lohnt sich auch, auf der östlichen Straßenseite den Rundweg *Artist´s Drive* (Einbahnstraße!) zu befahren. Der Name ehrt den Künstler Natur, der hier das

Gestein mit einer besonderen Farbvielfalt bedacht hat. Wieder auf dem Weg gen Süden sehen Sie links eine schöne, natürliche Steinbrükke und erreichen kurz darauf *Badwater,* den tiefsten Punkt der westlichen Hemisphäre. Sie befinden sich nun 279,6 ft (85,22 m) unter dem Meeresspiegel und ziemlich genau unter dem von dieser Seite aus unzugänglichen Aussichtspunkt *Dantes View,* an dem Ihr Death Valley-Erlebnis begonnen hat.

Vorbei an ein paar Ruinen ehemaliger Borax-Minen, gelangen Sie über *Shoshone* und *Pahrump* auf die Bundesstaße 160. Diese führt Sie in südöstlicher Richtung nach 53 Meilen einsamer Landstraße direkt zum Strip.

Wer das ganze Death Valley durchkreuzen und auch seine vorwiegend nachtaktive Fauna und den Norden mit *Scotty´s Castle* und dem *Ubehebe Crater* kennenlernen will, sollte 2 Tage einplanen und in *Furnance Creek* (s.S.153) oder *Stovepipe Wells* (Motel Tel.: 619-786-2387) zwischenübernachten.

Zion Nationalpark

Folgen Sie dem Interstate-Hwy. 15 Richtung Norden, so erreichen Sie über die Ausfahrt *Virgin / Springdale* den im Bundesstaat Utah liegenden *Zion-Nationalpark.* Die Anfahrt über 165 Meilen (265 km) ab Downtown Las Vegas bis zum südlichen Parkeingang bei *Springdale* lohnt sich vor allem für Naturfreunde und Wanderer, die auch 1 oder 2 Tage im Park bleiben. Übernachtungsmöglichkeiten gibt´s in Virgin, Springdale oder im Park (teuer).

Am Südeingang finden Sie einen Campingplatz und das *Visitor Center* mit wertvollen Informationen über Flora, Fauna und Entstehungsgeschichte des Nationalparks.

In den letzten 13 Millionen Jahren hat der *North Fork Virgin River* eine 600 m tiefe, enge Schlucht aus dem Gestein geschliffen, den *Zion Canyon.* Bizarre Dome, hohe Zinnen und ein in allen Farben schillerndes Felsenmeer bieten jedem Besucher ein unvergeßliches Erlebnis.

Geisterstädte

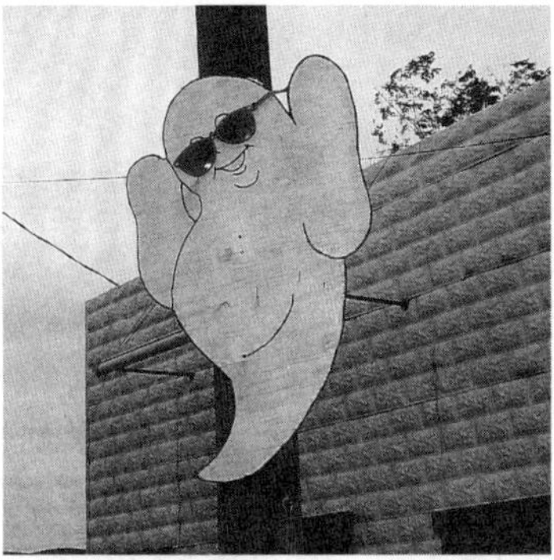

In der näheren Umgebung von Las Vegas gibt es eine ganze Reihe von *Ghost Towns,* die zur Zeit des großen Goldrausches boomten und heute ganz oder teilweise verlassen wurden. Einige sind völlig von der Landkarte verschwunden, andere zu winzigen Dörfern verkümmert, in denen aber Kirche, Saloon und die Ruinen ehemaliger Minen immer noch an die Zeit des Wilden Westens erinnern und ein paar wurden kulturhistorisch als Musterstädtchen gepflegt und erhalten.

Searchlight, 55 Meilen (88 km) südöstlich von Las Vegas, direkt am Hwy. 95: Die Stadt war an ihrem Höhepunkt im Jahre 1907 mit fast 10.000 Einwohnern, 44 Gold- und Silberminen und 12 Saloons wesentlich größer als Las Vegas. Heute zählt der Ort gerade noch 600 Einwohner, vorwiegend Rentner, die gerne noch etwas von der guten alten Zeit erzählen.

Goodsprings, 55 Meilen (88 km) südwestlich von Las Vegas, auf dem Interstate-Hwy. 15 in Höhe von Jean 7 Meilen Richtung Westen auf der Bundesstraße 161: Silber- und Bleiminen, Höhepunkt um 1890. Gottverlassenes Nest - aber typisch. Einen Abstecher wert!

Calico, 140 Meilen (225 km) südwestlich von Las Vegas am Interstate-Hwy. 15 auf dem Weg nach Los Angeles, 10 Meilen vor Barstow, nördlich des Hwy.: Rekonstruierte Silberminenstadt des 19. Jahrhunderts. Eintrittspflichtige Mischung zwischen Kulturerlebnis und Vergnügungspark.

Prostitution, Sex und Freudenhäuser

Lousiana und *Nevada* sind die einzigen beiden Bundesstaaten der USA, in denen einzelne Landkreise Prostitution ganz offiziell erlauben. Im Landkreis *Clark County,* zu dem *Las Vegas* gehört, ist bezahlte Liebe **verboten.** Wer sich nicht daran hält, geht drei Risiken ein:

1. Ansteckung mit AIDS und anderen Geschlechtskrankheiten,
2. Nepp und Beraubung, da viele der illegalen Straßenstricherinnen nur schnelles Geld zur Drogenbeschaffung benötigen und
3. können Freier schon alleine beim Ansprechen echter Damen oder verdeckt arbeitender Polizistinnen für ein paar Tage hinter schwedische Gardinen wandern.

Einige ganz legale Freudenhäuser *(Brothels, Whorehouses)* gibt es im *Nye County,* 65 Meilen auf dem Hwy. 95 Richtung Nordwest und dann noch ein paar Meilen auf der Bundesstraße 160 Richtung *Crystal /Pahrump.*

In den klassischen, seit Jahrzehnten bestehenden Häusern *Cherry Patch Ranch,* Tel.: (702) 372-5251 und *Mabels Brothel,* Tel.: (702) 372-5468 wartet 24 Stunden täglich eine ganze Staffel bildhübscher Covergirls auf zahlungskräftige Kunden (ab 300 US$ für das Schäfer-Viertelstündchen).

Spielen in Las Vegas

Funbooks, Free Drinks & High Rollers

Wer Las Vegas zum ersten Mal sieht, kommt aus dem Staunen kaum mehr heraus: In Hallen von der Größe eines Hangars für Jumbo-Jets klimpern 24 Stunden lang Tausende von Spielautomaten, fallen Würfel, werden Karten gemischt und rollen Roulette-Kugeln. Und wer glaubt, hier hätte sich die ganze Stadt zu einem besonderen Ereignis versammelt, wird rasch eines Besseren belehrt: Das Schauspiel wiederholt sich alleine in der Wüstenstadt mindestens 60 Mal mit geringen Variationen.

"Always on the money" ist das Motto der Metropole. Allein im Jahre 1995 erwirtschafteten die Casinos von Las Vegas rund 6 Milliarden US$ Reingewinn an 8.000 Baccarat-, Blackjack-, Craps-, Poker- und Roulettetischen sowie an über 100.000 Spielautomaten.

Kein Wunder also, daß die Werbestrategen dieser Goldgruben alles daran setzen, die Besucher in ihr Haus zu lokken und mit allen erdenklichen Mitteln an den Spieltisch zu fesseln. Lockangebote wie jeweils am anderen Ende der Stadt verteilte *Funbooks* mit zahlreichen *Coupons* (Gutscheinen) sind noch die harmlosesten Methoden. Schon bald merkt der Besucher, daß die Einlösung dieser Gutscheine entweder viel Zeit, oder Geld oder beides kostet. So muß man z.B. für das 1.99 US$-Steak ewig lange anstehen, darf erst nach einem bezahlten Spiel an der Slot-Machine ein weiteres Mal frei spielen und muß gut 2 Stunden auf den schmucken Schlüsselanhänger mit dem eigenen Portraitfoto (z.B. im Plaza) warten.

Tief dekolletierte, langbeinige *Cocktail-Girls,* die jeden Spieler mit *Free Drinks* versorgen, solange er nur spielt, verleiten so manchen Herren zum längeren Verweilen am Automaten oder Spieltisch. (Natürlich bleiben auch die Damen nicht auf dem Trokkenen!) Ein Weiteres tut die sanfte Musikberieselung und einige Casinos versprühen

Spielerterminologie

ace	As
ante	Vorauseinsatz beim Poker
bankroll	Geld zum Spielen
bet	Wette, wetten,
blind	Blindeinsatz, erste Wette beim Draw-Poker
blackjack	Kartenspiel 17 u. 4,
boxman	Croupier am Craps-Tisch
break even	einsatz- oder kostendeckend
brushman	Aufseher b. Poker
busted	überreizt
changegirl	Münzwechslerin
check	Poker-Ansage: weiter!
chip	Ersatzgeld
come-out	erster Craps-Wurf
coupons	Gutscheine
craps	Würfe 2, 3 u. 12 beim gleichnamigen Würfelspiel
deal	Karten geben
dealer	Geber beim Kartenspiel
deck	Spielkarten (52/53)
dice	Würfel (sg. u. pl.)
draw	Ziehen einer Poker-Karte
draw-poker	Poker mit verdeckten Karten
even bet	Setzen auf gerade Zahlen
face card	Bilderkarte
hand	Spielkarten, die man gerade in der Hand hält
high roller	Spieler, der ständig hoch setzt
insurance	Versicherung geg. Verlust beim Kartenspiel
jack	Bube (Karte)
jackpot	Hauptgewinn
keno	Zahlenspiel
king	König (Karte)
lady luck	Glücksgöttin
layout	Spielplan
limit	nach oben oder unten begrenzter Einsatz
odd bet	Setzen auf ungerade Zahlen
odds	Zusatzwette
payoff	Gewinn
pit	Spieltischbereich im Casino
pot	Topf, Gesamteinsatz beim Poker
queen	Dame (Karte)
rake	Casinoanteil beim Pokerspiel
shuffle	mischen
single bet	Einsatz auf 1 Zahl
slots	Spielautomaten
split	aufteilen
token	Ersatzgeld
up card	offene Karte
vigorish	Bankvorteil
wager	Einsatz

"Der Gewinner ist immer die Bank!"

- Alte Spielerweisheit.

neuerdings sogar Duftstoffe, die sich positiv auf Sitzfleisch und Spieltrieb auswirken sollen.

Ganz besonders hofiert werden die *High Rollers,* Spieler, die an einem einzigen Wochenende 10.000 U$, 100.000 U$ oder manchmal sogar eine Million U$ einsetzen. Sie bekommen - ungeachtet des Umstands, ob Sie verlieren oder gewinnen - vom Hotel ihrer Wahl sogenannte *Comps* (complimentary services = kostenlose Dienste), die von freien Übernachtungen über Tickets für die besten Shows der Stadt bis zu Hin- und Rückflügen im Privatjet (das Mirage hat 3 davon) gehen.

Las Vegas hat schon viele Reiche arm und einige Arme reich gemacht. Ein Patentrezept für das große Glück gibt es nicht, dafür aber zwei Strategien, die Sie vor dem Ruin bewahren können:

1. Limited Gambling:
Betrachten Sie die Zeit am Spieltisch wie den Eintritt in eine große Show. Setzen Sie sich dafür einen festen Etat: 50 U$, 100 U$ oder mehr - soviel Ihnen die Show eben wert ist - und überschreiten Sie diesen unter keinen Umständen auch nur um 1 Cent! Je nachdem, wie Sie wirtschaften und wie Ihnen Fortuna gesonnen ist, können Sie damit 30 Sekunden spielen (voller Einsatz auf falsche Roulette-Farbe) oder 10 Stunden lang die Höhen und Tiefen des Spieltriebs genießen und sich dabei kreuz und quer durch die gesamte Palette aller angebotenen Spiele kämpfen.

2. Hit and Run: Hören Sie kategorisch mit dem Spielen auf, wenn Sie einen größeren Gewinn gemacht haben - bevor Sie in kürzester Zeit wieder alles verlieren.

Automatenspiele

Slot Machines

Der 1892 aus Landshut nach San Francisco ausgewanderte Bayer *Karl Fey* gilt als der Vater der *einarmigen Banditen,* auch *Slot Machines* oder kurz *Slots* (Schlitze) genannt. Bereits 1898 stellte er seine erste LIBERTY BELL vor, die auf 3 parallel laufenden Walzen mit je 10 Symbolen 1.000 Kombinationsmöglichkeiten bot.

Obwohl seit Jahrzehnten ständig neue Automaten entwickelt werden, darunter Exoten mit bis zu 8 Walzen und Bildschirmanzeigen mit bis zu 255 simulierten Symbolen pro Walze, hat sich folgendes Grundschema bis heute am besten behauptet:

3 parallel nebeneinander laufende Walzen tragen je 20 Symbole. Daraus geben sich 20x20x20 = 8.000 Kombinationsmöglichkeiten pro Spiel.

Die beliebtesten Symbole sind Kirschen *(Cherries)*, Orangen *(Oranges)*, Pflaumen *(Plums)*, Glocken *(Bells)*, Balken *(Bars)* und Siebener *(7s)*, weshalb manche diese Slots auch "Obstautomaten" nennen.

Die Geräte nehmen vom Nikkel (5 Cents) bis zum Dollar-

Schein immer nur eine Zahlungseinheit an. An den *Nickel-Slots* währt das Vergnügen mit dem kleinen Spieletat am längsten, an den *Dollar-Slots* sind die Gewinn-Chancen am größten und die *Quarter-Slots* sind mit Abstand am beliebtesten.

Sie gewinnen, wenn mehrere gleiche Symbole auf einer Linie zum Stillstand kommen. Das jeweilige Gewinnschema ist auf jedem Gerät angezeigt.

Auf *Multiplyer Machines* können Sie durch Einwurf mehrerer Münzen (Maximum ist angegeben) pro Spiel im Falle eines Gewinns diesen vervielfachen.

Multi-Line Machines bieten die Möglichkeit, auf bis zu fünf Spiellinien (3 parallel + 2 diagonal) gleichzeitig zu gewinnen, sofern Sie jede der Spiellinien vor dem Start durch Münzeinwurf aktiviert haben.

Progressives nennt man eine Gruppe elektronisch zusammengeschlossener Automaten (teilweise sogar in verschiedenen Städten), von deren Spieleinnahmen ein bestimmter Prozentsatz (1 bis 10 %) in einen *Pot* (Topf) wandert. Ist dieser voll, so kann jeder Spieler, der an einem angeschlossenen Gerät spielt, bei entsprechender Symbolkombination den oft sehr hoch dotierten *Jackpot* (Hauptgewinn) knacken. Bei *Progressive Machines* sind die Gewinnquoten um den für den *Pot* abgezweigten Anteil geringer als bei Einzelmaschinen, dafür besteht jedoch die Chance auf einen Supergewinn.

Viele große Casinos bieten *DST = Daily Slot Tournaments* (tägliche Automatenspiel-Turniere) an: Für 10 bis 50 US$ Teilnahmegebühr spielt eine Gruppe Gleichgesinnter über einen bestimmten Zeitraum in einer eigenen Automatenecke, in der die Geräte so präpariert sind, daß man nichts einwerfen muß. Natürlich zahlt die Maschine auch kein Bargeld aus, sondern rechnet nur Gewinn- und Verlustpunkte gegeneinander auf und zeigt diese an. Wer den höchsten Punktestand erzielt, kann einen Großteil des Einsatzes aller Teilnehmer gewinnen. Darüber hinaus gibt es oft noch Extrapreise für den Tagessieger.

Video-Automaten

Zunehmender Beliebtheit erfreuen sich Video-Maschinen, an denen Sie *Blackjack, Poker, Keno* und *Bingo* spielen können. Die Spiele funktionieren im Prinzip genauso, wie ihre Vorbilder (siehe dort). Bei den Kartenspielen können Sie nach Einwurf Ihres Einsatzes mit dem Knopf *Hold* einzelne oder mehrere Karten halten und mit dem Knopf *Draw* neue Karten aufdecken und mit *Deal* ihr Blatt spielen. Manche Geräte ermitteln die nicht gewählte Funktion automatisch und haben dann nur ein oder zwei Knöpfe, die man drücken muß, wenn der Bildschirm die entsprechende Spielhandlung vorschlägt.
Auch bei den Video-Automaten gibt es *Progressives,* die nach dem gleichen System arbeiten wie die der Slot Machines (siehe dort).

Glücksrad

Das *Wheel of Fortune* (Glücksrad) ist in allen großen Casinos vertreten.
Ein einfaches Spiel, das in seinem Grundschema etwas an Roulette erinnert: Sie können einen beliebigen Einsatz auf die Zahlenfelder 1, 2, 5, 10, 20 oder 40 am Tisch vor dem Glücksrad setzen. Der Dealer dreht das Rad und ruft, wenn es am Auslaufen ist, *"no more bets!"* - "nichts geht mehr!" Es gewinnt die Nummer, auf der das Bremsplättchen am oberen Radrand stehen bleibt.
Kommt die Zahl, auf die Sie gesetzt haben, so vervielfacht sich Ihr Einsatz um diesen Faktor.

Kartenspiele

Baccarat

Das Spiel wurde erstmals Mitte des 17.Jahrhunderts während der Regierungsperiode König Ludwigs XIV in Frankreich bekannt und soll ursprünglich aus Italien kommen. Erst in den späten fünfziger Jahren unseres Jahrhunderts brachte der Amerikaner Tommy Renzo Baccarat aus den Spielhöllen Havannas nach Nordamerika.
Baccarat ist *eines der einfachsten Casinospiele* und die Grundregeln sind rasch gelernt!
Vor dem Spiel kann man Geldbeträge auf eine der drei Möglichkeiten setzen:
1. PLAYER = der Spieler gewinnt;
2. BANKER = die Bank gewinnt und
3. TIE = unentschieden.
Vier Karten werden ausgegeben (1+ 3 an Spieler, 2+4 an Bank) und aufgedeckt. Die Karten 10, Bube *(Jack)*, Dame *(Queen)* und König *(King)* haben beim Baccarat die Wertigkeit 0, As *(Ace)* zählt einen Punkt und alle anderen Karten zählen die darauf angegebenen Punkte. Beim Addieren eines Blatts zählt nur die Einerstelle, so daß die höchste zu erreichende Zahl die 9 ist. An diese gilt es, so nahe wie möglich heranzukommen. Bei einem schlechten Blatt hat sowohl der Spieler als auch die Bank die Möglichkeit, eine zusätzliche Karte nachzufordern. Nun wird schnell klar, wer gewonnen hat. Entscheidend ist jedoch, auf wen Sie gesetzt haben:
1. Haben Sie auf sich selbst (PLAYER) gesetzt und gewonnen, so wird Ihre Wette im Verhältnis 1:1 bedient *(even money)*.
2. Haben Sie auf BANKER gesetzt und die Bank hat gewonnen, so wird die Wette ebenfalls 1:1 abzüglich 5-10% Kommission für die Bank ausgezahlt.
3. Den besten Schnitt machen Sie, wenn Sie auf TIE gesetzt haben und das Spiel geht tatsächlich unentschieden aus. In diesem Fall erhalten Sie das Achtfache (!) Ihres Einsatzes zurück.

Blackjack

Blackjack, gelegentlich auch *21* genannt, ist eines der populärsten Casinospiele und entspricht im Grundschema dem in Europa bekannten 17 und 4.

Alle Teilnehmer spielen gegen den *Dealer.* An jeden Spieler werden nach dem Plazieren des Einsatzes 2 Karten ausgegeben. Der Dealer gibt sich selbst ebenfalls 2 Karten: eine verdeckte *(hole card)* und eine offene *(up card).*

Ziel ist es, Karten zu haben, die in ihrer Punktezahl genau 21 ergeben oder möglichst nahe an diesen Wert herankommen, ohne ihn jedoch zu überschreiten *(busting).*

Die Karten 10, Bube *(Jack),* Dame *(Queen)* und König *(King)* zählen beim Blackjack je 10 Punkte. Beim As *(Ace)* kann der Spieler entscheiden, ob es 1 oder 11 Punkte zählen soll. Für alle anderen Karten gelten die darauf angegebenen Punkte.

Haben Sie schon bei den beiden zu Spielbeginn ausgegebenen Karten ein As und eine 10-wertige Karte (s.o.) bekommen, so haben Sie ***Blackjack*** und erhalten sofort das eineinhalbfache Ihres Einsatzes ausgezahlt, falls der Dealer nicht zufällig auch einen ***Blackjack*** hat *(standoff)*. In diesem Fall bleibt Ihr Einsatz unverändert liegen.

"Dealer must draw to 16 and stand on all 17´s" oder ähnliches steht auf allen Blackjack-Tischen geschrieben, d.h. Sie wissen genau, daß Ihr Gegenspieler - der Dealer - zusätzliche Karten nehmen muß, solange die Summe seiner Punkte unter 17 liegt und nichts mehr ziehen darf, wenn diese Zahl erreicht oder überschritten ist. Sie selbst können ebenso taktieren, müssen es aber nicht. Wenn plötzlich mehrere Spieler der Reihe nach rufen *"hit me!"*, so sind Sie nicht etwa unter einem Haufen Masochisten gelandet, die alle gerne verprügelt werden wollen, sondern hören lediglich die Aufforderung der Spieler an den Dealer, er möge ihnen eine weitere Karte zuschlagen. Ehrenwort, Sie riskieren kein blaues Auge, wenn Sie es ihnen gleich tun!

Letztlich gibt es drei Möglichkeiten:

1. Sie sind nach Ziehung einer oder mehrerer Karten näher an der Punktzahl 21 als der Dealer (aber keinesfalls darüber), so haben Sie im Verhältnis 1:1 **gewonnen,** d.h. der Dealer verdoppelt Ihren Einsatz.
2. Hat der Dealer die besseren Karten oder haben Sie beim Ziehen die Zahl 21 überschritten, so haben Sie **verloren** und die Bank kassiert Ihren Einsatz.
3. Haben Sie **gleich viele Punkte** wie der Dealer *(push),* so bleibt Ihr Einsatz unverändert liegen.

Spielbesonderheiten

Doubling down: Sollten Sie nach Erhalt der ersten beiden Spielkarten das Gefühl haben, mit nur einer weiteren Zusatzkarte zu gewinnen, so können Sie Ihre Wette einmalig nachbessern, indem Sie Ihren Einsatz verdoppeln.

Splitting Pairs: Erhalten Sie zwei gleichwertige Karten, so können Sie diese aufdecken, sich zwei neue Karten dazugeben lassen und damit

gleichzeitig 2 getrennte Spiele spielen. In diesem Fall müssen Sie allerdings für das zweite Spiel nochmals den gleichen Einsatz aufbringen wie für das erste. Interessant ist diese Variante vor allem dann, wenn Sie zwei Achter oder zwei Asse haben.
Zwei Achter ergeben 16, meist zu wenig, um die Bank zu schlagen und doch ein hohes Risiko, beim Ziehen einer Zusatzkarte die 21 zu überschreiten. Spielen Sie dagegen die beiden Achter getrennt, so stehen die Chancen für eine durchaus passable Punktzahl (z.B. 18) nach Zuschlag von jeweils einer neuen Karte relativ gut.
Zwei Asse zusammen zählen gerade mal 2 - eine schlechte Ausgangsposition zum Erreichen der 21. Jede für sich können Sie dagegen mit je 11 Punkten werten, eine relativ günstige Voraussetzung für ***Blackjack*** bei nur einer zugewiesenen, 10-wertigen Karte.

Insurance: Ist die offene Karte *(up card)* des Dealers ein *As,* so können Sie sich gegen den Fall versichern, daß die verdeckte Karte des Dealers eine 10-wertige Karte *(face card)* ist, was einen ***Blackjack*** der Bank bedeuten würde. Möchten Sie sich versichern, so legen Sie einen Betrag, der genau der Hälfte Ihres Einsatzes entspricht, auf die *Insurance-Line.* Hat der Dealer ***Blackjack,*** so bekommen Sie das Doppelte Ihres Versicherungseinsatzes und damit genau Ihren Einsatz zurück. Hat der Dealer keinen ***Blackjack,*** so geht die Versicherungssumme an die Bank und das Spiel nimmt seinen normalen Lauf.

Poker

Nach Meinung der Geschichtsforscher ist Poker auf das alte persische Spiel *As Nas* zurückzuführen, das schon im 17.Jahrhundert in Europa populär war. Um 1800, als der heutige US-Bundesstaat Louisiana noch zu Frankreich gehörte, transferierten die Franzosen ihre Variante *Poque* auf den amerikanischen Kontinent. Die

Nomenklatur der Farben (Suits):

Farbe	*am. Name*	*franz. Karten*	*bayer. Karten*
♣	Club	Kreuz, Treff	Eichel
♦	Diamond	Karo	Schellen
♥	Heart	Herz	Herz
♠	Spade	Pik	Gras

englischsprechenden Spieler auf den Schaufelraddampfern des Mississippi verwandelten den Namen in *Poker.* Nach dem Bürgerkrieg verbreitete sich das Poker-Spiel wie ein Lauffeuer in ganz Nordamerika und hielt Einzug in den Saloons des Wilden Westens.

In Las Vegas erfreuen sich immer neue Varianten des Poker-Spiels zunehmender Beliebtheit. Doch wer das klassische Poker-Spiel beherrscht, wird keine große Mühe haben auch *Stud Poker, 7 Card Stud, Caribbean Stud, 5 Card Draw, Hi-Low-Split, Hold'em, Omaha, Let it Ride* oder *Pai Gow Poker* zu spielen.

1 Kartenspiel *(deck)* besteht aus 53 Karten mit 13 Werten in 4 Farben (52 Karten) und einem Joker. Der Joker kann an Stelle eines Asses oder zur Vollendung einer Straße oder eines Flush eingesetzt werden. Meist wird mit mehreren *Decks* gespielt.

Die meisten Pokerspiele spielt man nicht gegen die Bank (ausgenommen Pai Gow Poker), sondern jeder gegen jeden. Um eine Runde zu eröffnen, müssen also mehrere Gleichgesinnte zusammenkommen. Das Casino, das Raum, Spieltisch, Karten und Personal zur Verfügung stellt, bekommt dafür einen Anteil (*rake,*

Nomenklatur der Spielkarten:

Zeichen	*am. Name*	*deutscher Name*
J	Jack	Bube
Q	Queen	Dame
K	King	König
A	Ace	As

Rangfolge der einzelnen Pokerkarten:
(A), 2, 3, 4, 5, 6, 7, 8, 9, 10, J, Q, K, A

Rangfolge der Kartenkombinationen beim Poker:
1. Highest Card: keine Kombination paßt, schlechtestes Blatt, es gilt nur die Karte mit dem höchsten Wert.
2. One Pair: Pärchen, 2 gleiche Werte, z.B. 2 x K
3. Two Pair: Doppelpärchen, z.B. 2 x 8 und 2 x Q
4. Three Of A Kind: Drilling, z.B. 3 x 5
5. Straight: Straße, fünf aufeinanderfolgende Kartenwerte beliebiger Farben, z.B. 4, 5, 6, 7, 8. Ist ein As dabei, so darf dieses am Anfang oder Ende stehen. Die Straße mit einem As am Anfang wird oft als die zweitbeste Straße gewertet.
6. Flush: 5 Karten gleicher Farbe, z.B. Heart 2, Heart 4, Heart 7, Heart K, Heart Q.
7. Full House: volles Haus, drei Gleiche und ein Pärchen, z.B. 3 x 5 und 2 x Q
8. Four of a Kind: vier Gleiche, z.B. 4 x 2
9. Straight Flush: Sequenz in einer Farbe, z.B. Spade 7, Spade 8, Spade 9, Spade 10, Spade J.
10. Royal Flush: Sequenz der fünf höchsten Werte einer Farbe: Club 10, Club J, Club Q, Club K, Club A
11. Five Aces: 5 Asse
Bei den meisten Pokerspielen ist der **Royal Flush** das höchste Blatt. Nur bei *Pai Gow-Poker* und ähnlichen exotischen Varianten zählen 5 Asse am meisten.

meist 5-10%) des Einsatzes.

Vor Spielbeginn sollten Sie unbedingt ausreichend Chips - etwa für das zehnfache des Minimumeinsatzes, mindestens jedoch für 20 US$ - eintauschen, da nur dieses "Ersatzgeld" am Pokertisch Gültigkeit hat und Sie auch beim besten Blatt nicht während des Spiels nachkaufen können.

Vor Verteilung der Karten ist meist ein gewisser Grundeinsatz *(ante)* zu leisten, während der eigentliche Wetteinsatz *(wager)* nach Verteilung der Karten erbracht wird.

Das Ziel ist bei allen Pokervarianten gleich: Jeder Mitspieler versucht, aus fünf Karten eine möglichst hochwertige Kombination zu bilden (Rangfolge siehe Seite 169). Dann kann jeder wetten, daß er die höchste Kombination hat. Alle anderen Spieler können mithalten oder passen.

7 Card Stud: Zunächst erhält jeder Spieler 2 verdeckte und eine offene Karte. Der mit der niedrigsten, offenen Karte muß als erster wetten. Dann werden weitere 4 Karten verteilt, und zwar die vierte, fünfte und sechste offen und die siebte wieder verdeckt. Ab der zweiten Runde muß bei jeder Runde derjenige zuerst wetten, der das beste offen liegende Blatt hat.

Hold-em: Jeder Spieler erhält 2 verdeckte Karten und 5 Karten werden offen aufgelegt *(community cards).* Nun muß jeder aus seinen beiden persönlichen Karten und den 5 offenen die beste Kombination bilden. Ein großer Knopf *(dealer button),* der reihum wechselt, bestimmt in welcher Reihenfolge gewettet wird. Nach jeder Runde werden weitere *Community Cards* aufgedeckt.

Omaha: Wie Hold-em, mit dem einzigen Unterschied, daß jeder zu Beginn 4 verdeckte Karten erhält, von denen er 2 für das Spiel auswählen muß.

Pai Gow Poker: Alle Spieler und die Bank erhalten je 7 Karten und konstruieren daraus 2 getrennte Blätter zu 5 und 2 Karten. Es gewinnt nur, wer mit der Fünfer- und der Zweier-Kombination besser dasteht als die Bank.

Weitere Tischspiele

Craps

Arabische Würfelspiele um 750 vor Christus zeigten bereits rudimentäre Formen des *Craps,* dessen Name jedoch erstmals von Negern auf den Mississippi-Dampfern in der Zeit benutzt wurde, als New Orleans noch zu Frankreich gehörte. Die ersten Vorläufer der heutigen Craps-Tische baute der New Yorker Würfel-Fabrikant John H. Winn im Jahre 1907.

Heute ist Craps in den USA eines der spannendsten und beliebtesten Casinospiele schlechthin.

Die Grundregel ist einfach: Ein Spieler, der reihum wechselt, würfelt mit 2 Würfeln *(Dice)* eine Zahlenkombination, während die übrigen Spieler auf das Resultat des Wurfes setzen.

Der badewannenförmige Würfeltisch ist mit einem grünen Filz ausgelegt, auf dem der Spielplan abgedruckt ist.

Personal: In der Mitte des Tisches stehen sich *Stickman* und *Boxman* gegenüber. Dazu agieren noch zwei *Croupiers.*

Der Stickman ruft jeden Wurf aus und sammelt anschließend mit einem rechenartigen Schieber die Würfel wieder ein.

Der Boxman tauscht das Geld der Spieler in Chips um und hält die Aufsicht über den Ablauf des Spiels.

Je ein Croupier (dealer) rechts und links des Boxman kontrolliert die Spieleinsätze des auf beiden Hälften spiegelgleichen Spielplans und zahlt je nach Ansage des Stickman aus oder zieht verlorene Einsätze ein.

Die Wetten und Gewinne:

Pass Line: Beim ersten Wurf gewinnen 7 und 11 (Auszahlung 1:1), während 2, 3 und 12 verlieren. Wird eine andere Summe gewürfelt, so wird diese auf dem Mittelfeld des Spielplans markiert *(Point).* Wird diese Summe während der nächsten Würfe nochmals erreicht, bevor eine 7 gewürfelt wird, so werden die *Pass Line*-Einsätze ebenfalls 1:1 ausgezahlt. Wird vorher eine 7 gewürfelt, so gehen die Einsätze an die Bank.

Don´t Pass Line: Beim ersten Wurf gewinnen 2 oder 3 (Auszahlung 1:1). Die 12 wird als "unentschieden" gewertet, d.h. Ihr Einsatz bleibt stehen. Die 7 oder 11 verliert. Kommt eine andere Zahlensumme, so wird diese auf dem Mittelfeld markiert *(Point).* Wird diese Summe nochmals erreicht, bevor eine 7 fällt, so gewinnt die Bank. Wird vorher eine 7 gewürfelt, so zahlt die Bank 1:1 an die *Don´t Pass Line*-Einsätze.

Come: Entspricht einem späteren Einstieg in die *Pass Line*-Wette, sobald eine Würfelsumme *(Point)* im Mittelfeld markiert wurde.

Don´t Come: Entspricht einem späteren Einstieg in die *Don´t Pass Line*-Wette, sobald eine Würfelsumme *(Point)* im Mittelfeld markiert wurde.

Odds: Eine Zusatzwette, mit der Sie Ihre ursprüngliche *Pass Line / Don´t Pass Line*- oder *Come / Don´t Come*-Wette bis auf das Doppelte erhöhen können, sobald einmal der *Point* gesetzt wurde.

Field: Diese Wette wird nur auf den nächsten Wurf abgeschlossen. Kommt eine Würfelsumme von 3, 4, 9, 10 oder 11, verdoppelt sich Ihr Einsatz (Auszahlungsverhältnis 1:1), bei einer 2 zahlt die Bank 2:1 und bei einer 12 sogar 3:1. Kommt die Würfelsumme 5, 6, 7 oder 8, so haben Sie verloren.

Place Bet: Sie können darauf wetten, daß eine 4, 5, 6, 8, 9 oder 10 vor der nächsten 7 gewürfelt wird. Mathematisch stehen die Chancen für die 6 oder 8 am besten.

Any 7: Diese Wette wird wiederum nur auf den nächsten Wurf abgeschlossen. Fällt eine 7, so zahlt die Bank 5:1 zu Ihrem Einsatz.

Any Craps: Auch diese Wette gilt nur für den nächsten Wurf. Kommt die Würfelsumme 2, 3 oder 12, so zahlt die Bank das Achtfache Ihres Einsatzes.

Hardways: Bei dieser Risikowette müssen die Summen 4, 6, 8 oder 10 genau in der vorhergesagten Kombination (z.B. 4+4=8) kommen, bevor eine 7 gewürfelt wird.

Roulette

Das Roulette-Spiel ist in den USA bei weitem nicht so populär wie in Europa. Bei der amerikanischen Version gibt es außer den Zahlen 1-36 und der Null auch noch die *Doppel-Null,* auf die man ebenfalls setzen kann. Einige Casinos bieten das *French-* oder *European Roulette* mit nur einer Null an. Der Umstand, daß bei der europäischen Version der Bankvorteil geringfügig schlechter ist als bei der amerikanischen, wird meist durch einen höheren Mindesteinsatz rasch wieder wettgemacht.

Die Gewinnchancen beim Roulette sind rein rechnerisch gesehen schlechter als bei den bisher vorgestellten *Table Games.*

Das Spiel ist denkbar einfach: Sie setzen einen bestimmten Betrag auf eine Zahl oder eine Zahlengruppe. Der Croupier wirft geschickt eine Kugel entlang der Innenwand des rotierenden Roulettekessels und ruft, wenn die Kugel am Auslaufen ist: *"Rien ne va plus!"* oder *"No more bets!"* Ab diesem Moment darf nicht mehr gesetzt werden. Die Kugel bleibt schließlich - nachdem sie mehrfach zwischen den Zahlenstegen hin- und hergehüpft ist - bei einer Zahl liegen. Kommt die Zahl oder eine aus der Gruppe, auf die Sie gewettet haben, so erhalten Sie ein vielfaches Ihres Einsatzes zurück. Andernfalls geht Ihr gesamter Einsatz an die Bank.

Die Wetten und Gewinne:

Single Bet: Setzen auf eine Zahl bringt bei Gewinn den 35-fachen Einsatz!

Two Numbers: zwei nebeneinanderstehende Zahlen werden besetzt, kommt eine davon, zahlt die Bank 17:1.

Three Numbers: drei nebeneinanderstehende Zahlen werden gewettet, kommt eine davon, zahlt die Bank das Elffache des Einsatzes.

Four Numbers: ein Quadrat mit 4 Zahlen wird in der Mitte des Kreuzes mit einem Chip belegt. Bei Gewinn zahlt die Bank 8:1.

First Five (nur amerikanisches Roulette): gesetzt wird auf das äußere Eck zwischen 0 und 1. Kommt 0, 00, 1, 2 oder 3 zahlt die Bank 6:1.

Six Numbers: es wird am äußeren Rand auf der Linie zwischen zwei Dreier-Reihen gesetzt. Kommt eine der Zahlen, zahlt die Bank 5:1.

Twelve Numbers: Hierbei kann man entweder auf die Zahlenblöcke erstes, zweites drittes Dutzend *(Dozen Bet)* oder auf die aus 12 Zahlen bestehenden Säulen über der 34, 35 oder 36 *(Column Bet)* setzen. Kommt eine der Zahlen, gewinnt man das Doppelte seines Einsatzes.

Mit folgenden 1:1-Wetten kann man seinen Einsatz verdoppeln oder natürlich auch verlieren:

Red / black (= rouge / noir, rot / schwarz), ***1-18 / 19-36*** (= manque / passe), ***even / odd*** (= pair / impair, gerade / ungerade).

Zahlenspiele

Bingo

Bingo wird nur in einigen Casinos, u. a. im *Aladdin, Binion´s Horseshoe, Frontier, Gold Coast, Palace Station, Santa Fe* und *Showboat,* dort aber mit zunehmender Nachfrage und Publikumsbegeisterung gespielt.

Mehrere hundert Gleichgesinnte versammeln sich vor Beginn eines Durchgangs,

Double Bingo *Crazy Kite*

der in der Regel 1 Stunde dauert, in einem großen Saal und erwerben an verschiedenen Schaltern die nötigen Teilnahmeunterlagen.

Hard Card Bingo: Die Spieler mieten vom Casino Pappkarten mit Zahlenfeldern, auf dem gezogene Zahlen mit Plättchen abgedeckt werden können.

Paper Bingo: Die Spieler kaufen Scheine mit vorgegebenen Zahlenfeldern und spezielle Markierungsstifte.

Die Spielfelder bestehen aus 5x5=25 Zahlen in unchronologischer Reihenfolge.

Vor Ziehung einer Zahlenserie wird die gewinnbringende Anordnung der Zahlen auf Bildschirmen angezeigt. Dabei gibt es eine ganze Reihe von Gewinnfiguren:

Bingo: Jede gerade Linie, vertikal, horizontal oder diagonal.

Double Bingo: Zwei beliebige, gerade Linien, vertikal, horizontal oder diagonal.

Cross: Zwei Diagonalen.

Crazy Kite (verrückter Drachen): vier Zahlen in einer beliebigen Ecke plus angesetzte Diagonale dazu.

Die Zahlen werden aus einer Trommel gezogen und über Bildschirme im ganzen Saal gut sichtbar angezeigt. Hat ein Spieler das geforderte graphische Bild, so ruft er laut ***"Bingo!"*** und erhält sogleich seinen Gewinn ausgezahlt.

Keno

Ein lotterieähnliches Spiel, das in fast allen Casinos rund um die Uhr angeboten wird. Gespielt wird nicht nur im Ziehungssaal, sondern auf dem gesamten Casinogelände. Kurzberockte Damen, sogenannte *Keno Runners,* nehmen Ihre Wettscheine zwischen den Spielautomaten ebenso entgegen wie beim Essen oder am Swimming Pool.

Das Spiel: Jeder Keno-Schein hat 80 Zahlenkästchen. Sie können zwischen 1 und 15 Zahlen ankreuzen. Schreiben Sie nun die Summe, für die Sie spielen wollen und die Anzahl der Zahlen, die Sie angekreuzt haben, auffällig an den rechten oberen Rand des Scheins. Das Annahme-Personal (Keno Schalter oder Keno Runner) wird Ihr Spiel auf einer Kopie bestätigen und darauf die *Nummer der Ziehung* notieren, für die Ihr Schein gilt. Nach Annahmeschluß werden aus 80 Nummernbällen 20 maschinell gezogen und auf einer Leuchttafel angezeigt. Sofern Sie richtig getippt haben, müssen Sie Ihren Gewinn vor Beginn der nächsten Ziehung anmelden!

Heiraten
in
Las Vegas

Heiraten in Las Vegas

Wird Ihnen ein wenig mulmig beim Gedanken, bei Ihrer Hochzeit in der Heimat eine Zweihundert - Personengesellschaft aushalten und alle mehr oder weniger angenehmen Brauchtümer über sich ergehen lassen zu müssen? Wollen Sie Ihren Hochzeitstag am liebsten ganz nach Ihren eigenen Wünschen gestalten? Ist Ihnen Behördenkram und Formalismus zuwider? Würden Sie eine 5-Minuten-Hochzeit bevorzugen oder hätten Sie' s lieber mit Ring, Blumenmeer, Ansprache und Orchester? Oder wollen Sie an einem der wichtigsten Tage in Ihrem Leben etwas ganz Außergewöhnliches und Unvergeßliches erleben (z.B. Hubschrauberflug, Ballonfahrt, Tandemsprung, Fahrt in einer Staatskarosse, Feuerwerk ect.)?
Falls Sie nur eine dieser Fragen mit "ja" beantworten können, sollten Sie am besten in Las Vegas den Bund fürs Leben schließen.

Hochzeitskleidung, Trauringe und Blumen

Um in Las Vegas zu heiraten, brauchen Sie weder offizielle Kleidung noch Ringe und natürlich auch keine Blumen. Nehmen wir jedoch einmal an, Sie besitzen einen Schuß Romantik und wollen auf all dies nicht verzichten. Warum dann für einen einzigen Tag einen sündteuren Frack und ein modernes Brautkleid kaufen? In Las Vegas leiht man sich die Hochzeitskleidung einfach aus! Es gibt jede Menge Firmen, die darauf spezialisiert sind, Sie vom Scheitel bis zur Sohle maßgerecht für den Hochzeitstag einzukleiden. Die optisch und hygienisch einwandfreie Leihkleidung hat allerdings auch ihren Preis (Durchschnittswerte):
Brautbekleidung *(gowns)* kostet zwischen 75 und 300 US$/Tag und besteht aus Überzieher *(slip),* Büstenhalter *(bra, bustier),* Brautkleid *(wedding gown),* Schleier *(veil)* und Schuhen *(shoes).* Reizwäsche *(lingerie)* kostet extra.

Für den Bräutigam kostet der Smoking *(tuxedo)* zwischen 45 und 150 US$/Tag und besteht aus Hemd *(shirt)*, Schleifchen *(bow tie)*, Bauchbinde *(cummerbund)*, Jackett *(jacket)*, Hose *(pants)* und Schuhen *(shoes)*.

Hier können Sie sich festlich einkleiden:

BRIDAL & TUXEDOS
(Verleih und Verkauf)
4616 W.Sahara Ave,
im Sahara Pavillon,
Ecke Decatur Blvd.
Tel.: (702) 734-5683

A-1 DISCOUNT
BRIDAL & TUXEDOS
812 S. Las Vegas Blvd.
Tel.: (702) 382-9906
und 1-800-495-9996

EMELIA's BRIDAL &
FORMAL SHOPPE
5000 W.Charleston Blvd.
Suite 3
Tel.: (702) 878-7882

TUXEDO JUNCTION
(Maßnehmen im Hotel,
Lieferung und Abholung)
Tel.: 1-800-832-5717
DESIGNER RENTALS
FOR HER
4559 W.Flamingo Road
Tel.: (702) 364-GOWN

SEARS FORMAL WEAR
(Kaufhaus), Boulevard Mall,
Maryland Parkway
Ecke Desert Inn Road
Tel.: (702) 733-7333

Trauringe

Eheringe sollte man weder leihen noch gebraucht kaufen - das bringt Unglück. Goldschmiede gibt's in Downtown und am Las Vegas Boulevard South sowie in allen größeren Ausfallstraßen. Zwei gute Adressen:

THE JEWELERS
OF LAS VEGAS
2400 Western Ave
Tel.: (702) 382-7411

GABRIEL JEWELERS
3175 E.Tropicana
(beim WAL-MART,
Ecke Mohave)
Tel.: (702) 898-2282

Auch manche Kaufhäuser verfügen über ein recht gutes Angebot an Eheringen.

Blumen

Falls Sie in einer Hochzeitskapelle *(Wedding Chapel)* heiraten, wird das Brautbukett häufig im Rahmen des Gesamtarrangements gestellt. Allerdings können Sie beim Kauf des Brautstraußes in einem Blumenladen Ihrem individuellen Geschmack mehr Ausdruck verleihen:

A WORLDWIDE FLOWER
& GIFT EMPORIUM INC.
2404 Western Ave
Tel.: (702) 386-9666
und 1-800-337-7363
(24 Stunden Service!)

A ROBIN'S NEST &
PATIO FLOWER SHOP
1616 S. Las Vegas Blvd.
Tel.: (702) 386-6062
und (702) 384-6216

Voraussetzungen für die Heiratserlaubnis

Sofern Sie und Ihr Partner das 18. Lebensjahr vollendet haben und sich mit Ihrem Reisepaß ausweisen können, erfüllen Sie die Voraussetzungen zum Erlangen einer Heiratserlaubnis *(Marriage License)* des Staates Nevada.

Heiratserlaubnis (Marriage License)

Jeder, der in Las Vegas heiraten will, muß zunächst eine Heiratserlaubnis im Büro des Landkreises *(Office of the County Clerk)* einholen. Keine Angst vor großen Formalitäten - die Sache dauert gerade mal 5 bis 10 Minuten. Die Heiratswilligen müssen jedoch **beide persönlich** im Zimmer für Heiratsgenehmigungen *(Marriage License Bureau)* erscheinen, die Reisepässe vorlegen und ein kurzes Formular ausfüllen, in dem nach ihren Personalien, den Namen und Geburtsorten der Eltern und dem Geburtsnamen der Mutter gefragt wird. Außerdem ist anzugeben, die wievielte Eheschließung dies ist und ob sie geschieden oder verwitwet sind oder eine frühere Ehe annuliert wurde. Die Heiratserlaubnis kostet derzeit 35 US$ und wird sofort erteilt im:

Office of the County Clerk
Marriage License Bureau
200 South 3rd Street
Las Vegas, NV 89155
Tel.: (702) 455-3156
und (702) 455-4415
Das Büro ist Montag bis Donnerstag von 8 Uhr bis 24 Uhr und ab Freitag 8 Uhr bis Sonntag Mitternacht durchgehend geöffnet.

Ziviltrauung

Wer sich für den "kürzesten Amtsweg" entschieden hat, muß nur mit der Heiratserlaubnis *(Marriage License)* gerade mal auf die andere Straßenseite und einen Häuserblock stadtauswärts zum Büro des Beauftragten für Ziviltrauungen gehen:

Commissioner of
Civil Marriages
309 South 3rd Street
Las Vegas, NV 89155
Das Büro ist Montag bis

Die richtigen Worte - auf amerikanisch

The Ceremony

Marriage is an honorable estate. It is not to be entered into lightly or unadvisedly, but discreetly and soberly. Into this relationship these two persons come now to be joined.

Hans Glück, will you take *Mary Miller* to be your wedded wife, to live together in the bonds of marriage? Will you love her, comfort her, honor and keep her, so long as you both shall live?

The bridegroom answers: I will.

Mary Miller, will you take *Hans Glück* to be your wedded husband, to live together in the bonds of marriage? Will you love him, comfort him, honor and keep him, so long as you both shall live?

The bride answers: I will.

The Vows

The bridegroom repeats: I, *Hans Glück* take thee *Mary Miller* to be my wedded wife, to have and to hold from this day forward, for better or worse, for richer or poorer, in sickness and in health, to love and to cherish.

The bride repeats: I, *Mary Miller* take thee *Hans Glück* to be my wedded husband, to have and to hold from this day forward, for better or worse, for richer or poorer, in sickness and in health, to love and to cherish.

Ring Ceremony

The bridegroom repeats: With this ring I thee wed, and with all my love I thee endow.

The bride repeats: I accept this ring in token of our constant faith and abiding love.

In as much as you have thus consented together in marriage, by virtue of the authority vested in me by the laws of the State of Nevada, I now pronounce you husband and wife.

On February 29, 1996 by the foregoing ceremony, I united in marriage:
Hans Glück and *Mary Miller*

Die richtigen Worte - in deutscher Übersetzung

Die Zeremonie

Die Ehe ist ein ehrenwerter Stand. Sie soll nicht leichtfertig oder unüberlegt eingegangen werden, sondern innerlich und ernsthaft. Diese 2 Menschen kommen nun, um in dieser Verbindung vereint zu werden.

Hans Glück, willst Du *Mary Miller* als Deine angetraute Gattin annehmen, um mit ihr im Bande der Ehe zusammenzuleben? Wirst Du sie lieben, umsorgen, ehren und behalten so lange Ihr beide lebt?

Der Bräutigam antwortet: Ja, ich will.

Mary Miller, willst Du *Hans Glück* als Deinen angetrauten Gatten annehmen, um mit ihm im Bande der Ehe zusammenzuleben? Wirst Du ihn lieben, umsorgen, ehren und behalten so lange Ihr beide lebt?

Die Braut antwortet: Ja, ich will.

Das Gelöbnis

Der Bräutigam wiederholt: Ich, *Hans Glück* nehme Dich, *Mary Miller* als meine angetraute Gattin, auf daß wir von diesem Tag an zusammengehören und zusammenbleiben, in guten und in schlechten Zeiten, in Reichtum und in Armut, in Krankheit und in Gesundheit, in Liebe und gegenseitiger Wertschätzung.

Die Braut wiederholt: Ich, *Mary Miller* nehme Dich, *Hans Glück* als meinen angetrauten Gatten, auf daß wir von diesem Tag an zusammengehören und zusammenbleiben, in guten und in schlechten Zeiten, in Reichtum und in Armut, in Krankheit und in Gesundheit, in Liebe und gegenseitiger Wertschätzung.

Ringzeremonie

Der Bräutigam wiederholt: Mit diesem Ring nehme ich Dich zur Frau und schenke Dir meine ganze Liebe.

Die Braut wiederholt: Ich nehme diesen Ring an, als Beweis für unser dauerndes Vertrauen und unsere anhaltende Liebe.

Da Ihr Euch nun in der Ehe einig geworden seid, erkläre ich Euch Kraft meines Amtes und der Gesetze des Staates Nevada zu Mann und Frau.

Mit der vorangegangenen Zeremonie habe ich am 29.Februar 1996 im Stand der Ehe vereinigt: *Hans Glück* und *Mary Miller*

Donnerstag von 8 Uhr bis 24 Uhr und ab Freitag 8 Uhr bis Sonntag Mitternacht durchgehend geöffnet.

Alle **Standesbeamten** *(Commissioners)* sind äußerst freundliche und aufgeschlossene Persönlichkeiten. Sie können Ihre Wünsche offen äußern. "Kurz und schmerzlos" dauert knappe 5 Minuten. Mit Ringtausch, der entsprechenden Zeremonie und ein paar verbindlichen Worten bringen's manche auf ein gutes Viertelstündchen.
Die Gebühr ist immer die gleiche: 35 US$ pro Trauung.
Falls Sie keinen eigenen **Trauzeugen** mitbringen, sitzt stets ein Rentner vor dem Amtsraum, der diese Aufgabe gerne für ein kleines Trinkgeld (ab 5 US$) übernimmt.

Religiöse Trauung

Zivile und religiöse Trauungen haben in Nevada die gleiche Rechtskraft. Jeder vom Staat befugte Geistliche darf also eine zivilrechtlich gültige Trauung vornehmen. Hierin unterscheidet sich das Rechtssystem des Staates Nevada vom dem vieler anderer US-Bundesstaaten und in ganz erheblichem Maße von der Rechtsordnung europäischer Staaten.
Die Gottesmänner *(Ministers)* - meist selbsternannte Prediger verschiedenster Sekten - vollziehen die Trauung in der Regel in einer der 38 Hochzeitskapellen *(Wedding Chapels)* nach dem gleichen Ritus wie die Standesbeamten *(Commissioners)* im Büro für Ziviltrauungen. Lediglich der Rahmen ist etwas anders: Sie können wählen zwischen einem Hochzeitsmarsch vom Tonband, echten Orgel- oder Violinkonzerten oder einem Elvis-Imitator und dazu nach Wunsch Brautstrauß und Blumenkinder, Limo-Service (Staatskarossen), Fotos und Videoaufzeichnungen und alles, was sonst noch zu einer Hochzeit gehört oder gehören könnte. Von stilvoll bis kitschig, von schlicht bis pompös - alles

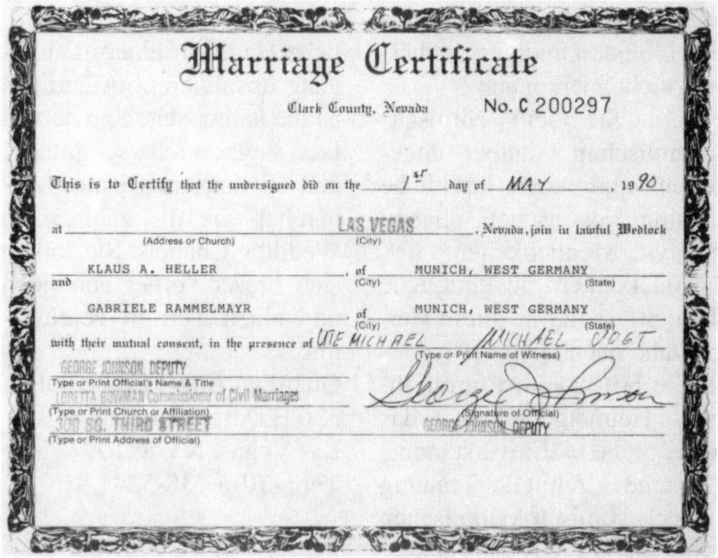

Marriage Certificate

Clark County, Nevada No. C 200297

This is to Certify that the undersigned did on the 1st day of MAY, 19 90

at ______ (Address or Church) LAS VEGAS (City), Nevada, join in lawful Wedlock

KLAUS A. HELLER, of (City) MUNICH, WEST GERMANY (State)

and

GABRIELE RAMMELMAYR, of (City) MUNICH, WEST GERMANY (State)

with their mutual consent, in the presence of UTE MICHAEL MICHAEL VOGT (Type or Print Name of Witness)

GEORGE JOHNSON, DEPUTY
Type or Print Official's Name & Title

LORETTA BOWMAN Commissioner of Civil Marriages
(Type or Print Church or Affiliation)

300 SO. THIRD STREET
(Type or Print Address of Official)

George Johnson (Signature of Official)
GEORGE JOHNSON, DEPUTY

ist möglich, solange der Kunde dafür zahlt. Die Angebote gehen von 55 US$ für das einfachste Arrangement bis zu mehreren tausend Dollar für "Luxusangebote" mit Festbankett, mehrtägigem Aufenthalt in der Hochzeitssuite eines Tophotels, Eintrittskarten in die teuersten Shows der Stadt und Hubschrauberexkursionen in den Grand Canyon.

Natürlich verdienen die Betreiber der Wedding Chapels vor allem am Gesamtarrangement. Sofern Sie also nicht allzusehr unter Zeitdruck stehen, über etwas Organisationstalent verfügen und der englischen Sprache mächtig sind, können Sie Ihre Traumhochzeit mit durchaus luxuriösen Einlagen wesentlich preisgünstiger auch selbst organisieren.

Last not least sollte Sie der Begriff "religiöse Trauung" nicht in die Irre führen. Sofern Sie nicht zufällig der gleichen Sekte wie der Sie trauende Minister angehören, hat für Sie nur die zivilrechtliche Komponente der Trauung Bedeutung. Ihre Kirche im Heimatland wird die Heirat unter dem Segen eines Sektenpredigers sicherlich nicht anerkennen.

Sofern Sie dem **römisch-katholischen** Glauben angehören und eine kirchliche Trauung wünschen, haben Sie zwei Möglichkeiten:

1. Sie können die kirchliche Trauung später in Ihrem Heimatland nachholen.
2. Sie holen vom Pfarrer Ihrer Heimatgemeinde das schriftliche Einverständnis für eine kirchliche Trauung in der römisch-katholischen Kirche von Las Vegas ein.

Die Erklärung kann formlos, möglichst jedoch in englischer Sprache oder mit englischer Übersetzung (im Einzelfall hilft auch mal die deutsche Honorarkonsulin Sigrid Sommer) sein. Wichtig ist jedoch der Stempel und die Unterschrift Ihres Pfarrers. Mit der Einverständniserklärung Ihrer Heimatpfarrei und der Heiratserlaubnis *(Marriage License)* der Kreisverwaltung von Clark County (s. S. 181) können Sie vor einem katholischen Pfarrer in Las Vegas heiraten und damit die kirchliche und die zivilrechtliche Heirat in einem Durchgang absolvieren! Allerdings ist die katholische Kirche von Las Vegas nicht so gut auf den Hochzeitstourismus vorbereitet wie die zahlreichen Wedding Chapels. Sie sollten sich besser vorher anmelden und einen Termin vereinbaren:

Guardian Angel Cathedral
336 E.Desert Inn Rd.
Las Vegas, NV 89109
Tel.: (702) 735-5241

Hochzeitskapellen
Wedding Chapels

AARON's CHAPEL OF THE BELLS
2233 Las Vegas Blvd. S.
Las Vegas, NV 89104
Tel.: (702) 735-6803

A CHAPEL BY THE COURTHOUSE
203 Bridger Ave
Las Vegas, NV 89101
Tel.: (702) 384-9099

CANDLELIGHT
WEDDING CHAPEL
2855 Las Vegas Blvd. S.
(nahe Riviera Hotel)
Las Vegas, NV 89109
Tel.: (702) 735-4179
Traditionsreiche Kapelle. Hier heirateten u.a. Michael Caine, Whoopie Goldberg und Bette Middler.

CANTERBURY
WEDDING CHAPEL
im EXCALIBUR HOTEL
3850 Las Vegas Blvd. S.
Las Vegas, NV 89109
Tel.: (702) 597-7620
und (702) 597-7777
Fax: (702) 597-7262
Nomen est Omen: Ritter und Prinzessinnen geben sich im mittelalterlichen Festgewande das Ja-Wort.

CHAPEL L'AMOUR
1901 Las Vegas Blvd. S.
Las Vegas, NV 89104
Tel.: (702) 369-5683
und 1-800-322-5683
Fax: (702) 369-4036
Hier können Sie drinnen (Plüsch-Sessel) und draußen (Drive up window) heiraten.

CHAPEL OF LOVE
1431 Las Vegas Blvd. S.
Las Vegas, NV 89109
Tel.: (702) 387-0155
Vier Hochzeitszimmer in verschiedenen Farben zur Auswahl.

CHAPEL OF THE BELLS
2233 Las Vegas Blvd. S.
Tel.: (702) 735-6803
und. 1-800-233-2391

CHAPEL OF
THE STARS
2109 Las Vegas Blvd. S.

Las Vegas, NV 89104
Tel.: (702) 735-2933

CIRCUS CIRCUS CHAPEL OF THE FOUNTAINS
2880 Las Vegas Blvd. S.
Las Vegas, NV 89109
Tel.: (702) 794-3777
Fax: (702) 734-1364

CUPID WEDDING CHAPEL
1515 Las Vegas Blvd. S.
Las Vegas, NV 89104
Tel.: (702) 598-4444
Fax: (702) 362-0610

GRACELAND WEDDING CHAPEL
619 Las Vegas Blvd. S.
Las Vegas, NV 89101
Tel. (702) 474- 6655

LAS VEGAS WEDDING GARDENS
200 W.Sahara Ave
Las Vegas, NV 89102
Tel.: (702) 387-0123
und 1-800-843-2362
Fax: (702) 387- 6492
Vegetationsreiche Hochzeitskapelle mit Wasserfall.

LITTLE CHAPEL OF THE FLOWERS
1717 Las Vegas Blvd. S.
Las Vegas, NV 89104
Tel.: (702) 735-4331
und 1-800-843-2410
Fax: (702) 735-8577

LITTLE CHURCH OF THE WEST
3960 Las Vegas Blvd. S.
(am Hacienda Hotel)
Las Vegas, NV 89119
Tel.: (702) 739-7971
und 1-800-821-2452
Die älteste, nahezu unverändert bestehende Hochzeitskapelle (seit 1942).

LITTLE WHITE CHAPEL
1301 Las Vegas Blvd. S.
Las Vegas, NV 89104
Tel.: (702) 382-5943
Fax: (702) 382-3546
Drive up Service (Wer wird schon extra aussteigen?) - Hier heirateten u.a. Joan Collins, Mia Farrow, Michael Jordan, Frank Sinatra und Bruce Willis.

MGM CENTRAL PARK WEDDING CHAPEL
3799 Las Vegas Blvd. S.
Las Vegas, NV 89103
Tel.: (702) 891-7950
Fax: (702) 891-3485

MISSION OF THE BELLS
1213 Las Vegas Blvd. S.
Las Vegas, NV 89104
Tel.: (702) 383-5909
Fax: (702) 658-6605
Saal auch für größere Hochzeitsgesellschaften geeignet.

SAN FRANCISCO
SALLY'S
VICTORIAN CHAPEL
1304 Las Vegas Blvd. S.
Las Vegas, NV 89104
Tel.: (702) 385-7777

SHALIMAR
WEDDING CHAPEL
1401 Las Vegas Blvd. S.
Las Vegas, NV 89104
Tel.: (702) 382-7372
und 1-800-255-9633

SILVER BELL
WEDDING CHAPEL
607 Las Vegas Blvd. S.
Las Vegas, NV 89101
Tel.: (702) 382-3726

TREASURE ISLAND &
MIRAGE CHAPELS
3300 Las Vegas Blvd. S.
Las Vegas, NV 89109
Tel.: (702) 894-7700
Fax: (702) 894-7701

Außergewöhnliche Varianten

Wollen Sie weder in einem Amtsraum noch in einer Kapelle oder in einer Kirche heiraten, sondern diesem unvergeßlichen Moment einen extravaganten Rahmen geben? Dann lassen Sie Ihre Phantasie spielen: Zeremonie in mittelalterlichen Gewändern (angeboten im Excalibur), Trauung nach indianischen Riten (Hubschrauberflug in ein Reservat), Ballonfahrt über der Mojave-Wüste oder Nachtflug über dem Lichtermeer der Stadt. Und wer an diesem denkwürdigen Tag noch einen Extraschuß Adrenalin benötigt, kann sogar während eines Fallschirm-Passagiersprungs bei 200 km/h im freien Fall oder beim Bungee-Doppelsprung den Bund fürs Leben schließen. Nichts ist in Las Vegas unmöglich. Ein Geistlicher, der befugt ist, die Trauung zu vollziehen und auch - gegen entsprechenden "Risikozuschlag" - bereit ist, z.B. einen Tandem - Fallschirm-

sprung mitzumachen, wird meist gerne vom jeweiligen Veranstalter gestellt. Die Anbieter der genannten Varianten finden Sie u.a. in den Kapiteln *"Touren per Flugzeug und Hubschrauber"* (ab S. 58) und *"Sport & Freizeit"* (ab S. 127).
Für die ganz individuelle Trauung in freier Natur bietet sich u.a. Dr. Dyanne Thorne Maurer, Ph.D., D.D., Tel.: (702) 873-8316, eine Professorin der vergleichenden Religionen an.

Rechtsgültigkeit

Eine nach dem Recht des Staates Nevada geschlossene Ehe **gilt** - ungeachtet der Staatsangehörigkeit der Ehepartner (z.B. österreichisch-ungarisch, deutsch - deutsch, schweizerisch- amerikanisch oder deutsch-türkisch) - auch in Deutschland, Österreich und der Schweiz **als rechtsgültig geschlossene Ehe.** Als **Tag der Eheschließung** gilt stets das in der Heiratsurkunde eingetragene Datum.

Meldeverfahren für Deutschland

Eine Eheschließung in Las Vegas ist zwar sofort rechtsgültig, jedoch wird sie weder *automatisch* im Clark County standesamtlich registriert, noch werden die Heimatgemeinden oder Steuerbehörden der Frischvermählten von der Heirat in Kenntnis gesetzt.
Wer also zu Hause beispielsweise seine *Steuerklasse* oder seinen *Geburtsnamen* ändern will, muß die Heirat **nachweisen.** Hierfür reicht die bloße Vorlage der Heiratsurkunde nicht aus.
Wir empfehlen dringend bereits in Las Vegas folgende Schritte einzuleiten:
1. Standesamtliche Registrierung der Heirat *(Certified Abstracts of Marriage=Certified Copy)* beim:
County Recorder
309 3rd Street, 3rd Floor
Gebühr: 7 US$
Bearbeitungsdauer:
ca. 3-10 Tage
Dort können Sie gleichzeitig bei Bezahlung der nötigen Gebühren die Weiterleitung

der Urkunde nach Registrierung an den *Secretary of State* (wg. Pkt. 2) beantragen.

2. Internationaler Echtheitsvermerk *(Apostille)* gem. dem Haager Übereinkommen vom 5.10.1961:

Secretary of State
Capitol Complex
Carson City, Nevada 89701
Gebühr: 20 US$
Bearbeitung: ca. 6-8 Wo.
oder *Express-Service:*
Gebühr: 45 US$
Bearbeitung: 2-3 Wochen

Am einfachsten ist es zweifellos, für eine zusätzliche Bearbeitungsgebühr von 35 US$ die vorangegangenen Schritte aus einer Hand von der deutschen Honorarkonsulin Sigrid Sommer (siehe vordere Unschlaginnenseite) erledigen zu lassen, die Ihnen dann die registrierte und mit internationalem Echtheitsvermerk versehene Heiratsurkunde an Ihren Wohnort nachschickt.

Meldeverfahren für Österreich

Analoges Verfahren wie für Deutschland (s.oben).

Meldeverfahren für die Schweiz

Bis einschließlich Pkt. 1 gleiches Verfahren wie für Deutschland. Es ist jedoch für jede Heimatgemeinde eines schweizer Staatsbürgers eine *Certified Actual Copy of the Marriage Certificate* beim **County Recorder** mit direkter Weiterleitung an das **Consulate General of Switzerland** (Adresse s. S.19) zu beantragen.

Weiterhin müssen dem **Generalkonsulat der Schweiz** in San Francisco noch folgende Unterlagen zugestellt werden:

Für ***schweizer Staatsbürger*** je ein *kompletter Personenstandsausweis* (weniger als 6

Monate alt), erhältlich beim Zivilstandsamt der Heimatgemeinde, eine *Wohnsitzbescheinigung,* erhältlich bei der Wohngemeinde und eine *Namenserklärung.*
Zusätzlich müssen ***Ehepartner, die nicht die schweizer Staatsbürgerschaft besitzen,*** einen *Geburtsschein,* einen *Ledigkeitsausweis* (ersatzweise Scheidungsurteil oder Todesurkunde eines verstorbenen Ehegatten) und eine *Fotokopie ihres Reisepasses* einreichen.

Sonderfälle

Personen unter 18 Jahren benötigen zur Eheschließung die Zustimmung ihrer Eltern oder des gesetzlichen Vormunds.
Im Falle einer ***vorherigen Scheidung*** eines oder beider Partner sind das Datum des Scheidungsurteils und das Scheidungsgericht anzugeben.
Cousinen und Cousins dürfen in Nevada - im Gegensatz zu Deutschland - ***nicht*** heiraten.

Deutsches Namensrecht

von Gerhard Benedikt,
Standesbeamter in München

Und nun zu der teilweise durchaus spannenden Frage, wie man denn nach erfolgreicher Eheschließung in den USA eigentlich heißt, welche Familiennamen die Ehepartner also unmittelbar nach ihrer Eheschließung führen, bzw. welche Möglichkeiten der Familiennamensgestaltung sich nach Rückkehr in das Bundesgebiet ergeben.
Gleich vorneweg möchten wir Sie darauf hinweisen, daß wegen der Komplexität der ganzen Angelegenheit, vor allem falls ausländisches Namensrecht im Spiel ist, weil ein Ehegatte eine fremde Staatsangehörigkeit besitzt, hier nur die wesentlichen Grundsätze erläutert werden können. Da Namen für unseren deutschen Staat keinesfalls nur Schall und Rauch sind, wenden Sie sich daher bitte bei weiteren Fragen vertrauensvoll an den Standesbeamten Ihrer Wohnsitzgemeinde, der Sie bestimmt

gerne beraten und gegebenenfalls verbleibende Zweifel ausräumen wird.

Grundsätzlich unterliegt der Name einer Person **dem Recht des Staates, dem die Person angehört, dem sog. Heimatrecht (Art. 10 Abs. 1 EGBGB).** Dies bedeutet, daß ***deutsche Ehegatten*** auch bei Eheschließung im Ausland der Rechtsvorschrift des *§ 1355 BGB* wie bei einer Eheschließung im Inland unterliegen. Für eine ***Französin*** hingegen wäre für die Namensführung in der Ehe zunächst keinesfalls deutsches Recht maßgebend, sondern die entsprechende Vorschrift im französischen Bürgerlichen Gesetzbuch, dem *"code civile"*, nach der sich der Name einer Französin bei Heirat nicht ändert.

Ehegatten, die es nicht bei ihrem jeweiligen Heimatrecht belassen wollen, können darüber hinaus nach Eheschließung ihren künftig zu führenden **Namen nach dem Recht eines anderen Staates wählen, dem einer der Ehegatten angehört, oder auch nach deutschem Recht, wenn einer von ihnen seinen gewöhnlichen Aufenthalt in Deutschland hat (Art. 10 Abs. 2 EGBGB).** Eine ***Französin,*** die in den USA mit einem ***Deutschen*** die Ehe eingeht und deren Wunsch es ist, entgegen ihrem französischen Heimatrecht den Geburtsnamen ihres deutschen Mannes zum Ehenamen zu bestimmen, kann auf diese Weise z.B. nach Rückkehr in das Bundesgebiet zusammen mit ihrem Gatten dessen deutsches Heimatrecht wählen und somit können beide nach *§ 1355 BGB* den Geburtsnamen des Mannes zum gemeinsamen Ehenamen bestimmen. Zu beachten ist hierbei aber, daß diese Rechtswahl von ausländischen Staaten meist nicht anerkannt wird, so daß in unserem Beispiel die Französin in Deutschland rechtmäßig den Geburtsnamen ihres Mannes als Ehenamen führen würde, in Frankreich hingegen nicht (sogenannte "hinkende Namensführung")!

Nun aber ganz konkret zur **Namensführung nach deut-**

schem Recht (§ 1355 BGB): Seit der legendären Entscheidung des Bundesverfassungsgerichts vom 5. März 1991 zum Familiennamensrecht wird *nicht mehr automatisch der Geburtsname des Mannes* zum gemeinsamen Familiennamen (=Ehenamen) der Ehegatten, wenn diese keinen Ehenamen bestimmen. Dies bedeutet, daß nunmehr ***deutsche Ehegatten,*** die nicht durch Erklärung gegenüber dem Standesbeamten den Geburtsnamen des Mannes oder der Frau zum Ehenamen bestimmen, *ihre zur Zeit der Eheschließung geführten Namen auch nach der Eheschließung weiterführen.* Die Eheleute können in diesem Fall noch bis zu fünf Jahren nach der Eheschließung einen gemeinsamen Ehenamen wählen. Bei Eheschließung im Ausland endet diese Frist aber keinenfalls vor Ablauf eines Jahres nach Rückkehr in die Bundesrepublik Deutschland. Wird von den Ehegatten ein Ehename bestimmt, so kann derjenige, dessen Geburtsname nicht Ehename geworden ist, auch einen sogenannten **Doppelnamen** führen, das heißt durch Erklärung gegenüber dem Standesbeamten seinen Geburtsnamen oder den Namen, den er zur Zeit der Bestimmung des Ehenamens geführt hat, *voranstellen oder anfügen,* sofern nicht schon der Ehename aus mehreren Namen besteht. Besteht der Name eines Ehegatten, der hinzugefügt werden soll, schon aus mehreren Namen, so kann nur einer dieser Namen vorangestellt oder angefügt werden, da keine "Dreifachnamen" entstehen sollen.

Bei Eheschließungen im Ausland, so auch in den meisten Staaten Nordamerikas, wird sich der ausländische Standesbeamte aufgrund seiner eigenen Rechtsvorschriften meist nicht in der Lage sehen dem deutschen Recht entsprechende Erklärungen zur Namensgestaltung von den Eheleuten entgegenzunehmen. Selbst wenn formgerechte Erklärungen abgegeben werden, können sie in der Regel nicht deutschen Behörden gegenüber ausreichend nachgewiesen werden, da in nordamerikanischen Heiratsurkunden die Namensführung der Ehegatten nicht ausgewiesen wird.

Etwaige **Erklärungen zur Namensführung** über eine Rechtswahl, bzw. über die Bestimmung eines Ehenamens sowie die Voranstellung oder Anfügung eines Namens zum Ehenamen, können deshalb nach der Eheschließung im Ausland gegenüber deutschen zuständigen Stellen, das sind die *deutschen Standesbeamten,* die *Notare,* aber auch *Konsularbeamte der deutschen Auslandsvertretungen,* abgegeben werden. Die gewählten Namen werden dann durch eine *Bescheinigung des Standesamtes I in Berlin* oder, bei gewünschter Anlegung eines Familienbuches bei einem deutschen Standesamt, durch die entsprechende *Eintragung in diesem Familienbuch* nachgewiesen. Mit solch einem Nachweis kann dann die Änderung der eigenen Identitätspapiere (Bundespersonalausweis, Reisepaß) in Angriff genommen werden.

Ehevertrag

von Prof. Dr. Peter Gantzer,
Notar in München

Für ***deutsche Ehegatten,*** die ihren ersten ehelichen Wohnsitz in Deutschland nehmen, gilt deutsches Eherecht. Sollte der erste eheliche Wohnsitz im Ausland liegen oder ***einer der Ehepartner Ausländer*** sein, kann ausländisches Eherecht zur Anwendung kommen. In solchen Fällen empfiehlt es sich unbedingt, den Rat eines Angehörigen der rechtsberatenden Berufe einzuholen.

Kommt deutsches Eherecht zur Anwendung, so ist dieses nicht weiter von Bedeutung, sofern die Ehe nicht nur im Himmel von Las Vegas geschlossen, sondern auch paradiesisch weitergeführt wird.

Die sich aus der Eheschließung ergebenden *Rechte und Pflichten* werden in der Regel erst bei der *Scheidung* offenbar. Hierbei entstehen erfahrungsgemäß drei Probleme:

1. Vermögensauseinandersetzungen: Schließen die Ehegatten *keinen Ehevertrag* ab, leben sie im deutschen *gesetzlichen Güterstand der Zugewinngemeinschaft.* Im Falle der Auflösung der Ehe wird das während der Ehe erwirtschaftete Vermögen beider Ehegatten (der sogenannte Zugewinn) errechnet und unter den Ehegatten ausgeglichen. Hierbei ergibt sich häufig großer Streit.

2. Renten: Die während der Ehezeit erworbenen Ansprüche auf *Altersversorgung* werden bei Scheidung errechnet und zwischen den Ehegatten ausgeglichen *(Versorgungsausgleich).*

3. Unterhalt: Nach der Scheidung bekommt derjenige Ehepartner Unterhalt, der nicht für sich selbst sorgen kann. Hierunter fällt insbesondere der Unterhalt des Ehegatten während der Kindererziehung, in Zeiten von Ausbildung, Fortbildung oder Umschulung, im Alter, bei Krankheit, Gebrechen und weiteren, gesetzlich geregelten Umständen.

Durch einen Ehevertrag können die Ehegatten jederzeit - auch bereits *vor der Eheschließung* - die vorstehenden Probleme ganz oder teilweise regeln. Sie können insbesondere auch ***den gegenseitigen Unterhalt, den Versorgungs- und den Zugewinnausgleich*** ausschließen. Ein solcher Vertrag ist nur gültig, wenn er von einem Notar beurkundet worden ist, wobei es sich um einen Notar im Sinne des deutschen Rechts handeln muß. Jeder Ehevertrag setzt eine ausführliche Beratung durch den Notar, der dazu sogar gesetzlich verpflichtet ist, voraus.

Nicht selten hat ein Ehevertrag große Ungerechtigkeiten (oft für Frauen) deswegen zur Folge, weil man viele zukünftige Entwicklungen nicht voraussehen kann.

Stichwortverzeichnis

A

Anasazi **62,** 149
Ausreise 23
Automatenspiele 161

B

Baccarat 164
Badwater 154
Bahn 57
Ballonfahren 127
Bingo 174
Blackjack 165
Boulder Beach 142
Buffets 117
Bungeespringen 128
Busverkehr 53

C

Cafés 119
Calico 155
Clark, William 63
Cocktail-Girls 158
Colorado River 145, 150
Craps 171

D

Death Valley 152
Dinner Shows 110
Downtown 68, 72/73 K, 74
Downtown Hotels 76
DST 162

E

Ehevertrag 195
Einkaufen 124
Einreise 14
Einwohner 67
Essen **116,** 121(am./dt.)

F

Fallschirmspringen 129
Flughafen 15
Flugzeuge 58
Flyaway 136
Fotografieren 45
Freizeit 127
Freudenhäuser 156
Führerschein 48
Funbooks 158
Furnance Creek 152, 153

G

Geisterstädte 155
Gelöbnis 183
Geschichte 62
Gesundheit 24
Glücksrad 163
Glücksspiel 64
Gold 64, 155
Golfsport 130
Goodsprings 155
Grand Canyon 150
Greyhound 56

H

Heiraten 177
Heiratserlaubnis 181
High Rollers 160
Hochzeitskapellen 184, 186
Hochzeitskleidung 178
Hoover, Herbert Clark **63,** 145
Hoover Damm 63, **144**
Hubschrauber 58, 60
Hughes, Howard 65, 95

K

Kartenfarben 168
Kartenspiele 164
Keno 176
Kinder 30
Klima 34
Konsulate 18

L

Lake Mead 142
Lee Canyon 135
Leihwagen 52
Liberace, Walter Valentino 140

M

Malls 125
Marriage License 181
Ministers 184
Motels 68
Mount Charleston 135
Museen 138

N

Nachtclubs 112
Namensrecht 192
Naturparks 142
Notruf 51

O

One Man Shows 109
Overton 147

P

Pahrump **154,** 156
Paiute **62,** 148
Poker 167
Post 42
Progressives 162
Prostitution 156

R

Racquetball 137
Radfahren 131
Rafting 132
Rechtsgültigkeit 190
Red Rock Canyon 146
Registrierung 190
Reiten 132
Religiöse Trauung 184
Restaurants 119
Revues 111
Rollschuhlaufen 133
Roulette 173

S

Schwimmen 134
Searchlight 155
Seeschlacht 114
Shopping 124, 125
Shows 105
Sicherheit 28
Siegfried und Roy 107
Silber 64, 155
Skifahren 135
Slot Machines 161
Spielen 157
Spielerterminologie 159
Spielkarten 169
Sport 127
Stadtplan Übersicht 11
Stadtplan Downtown 72/73
Stadtplan Strip 80/81
Standesbeamte 184
Steuer 38
Straßenverkehr 49
Stratosphere Tower 95
Strip 66, 70, 79, 80/81 K
Strip Hotels 82
Stromspannung 41
Strömungsfliegen 136

T

Telefon 43
Tennis 137
Trauringe 180
Trauzeugen 184
Trinken 116
Trinkgeld 39
Trolleys 54

U

Umgebungsplan 143
US-Vertretungen 17

V

Valley of Fire 147
Vegas Vic 74, 75
Vergnügungsparks 137
Video-Automaten 163
Videoverleih 48
Volljährigkeit 40
Vulkan 113

W

Währung 36
Wäscheservice 41
Wedding Chapels 186
Wet´n Wild 135
Wheel of Fortune 163

Z

Zabriskie Point 153
Zahlenspiele 174
Zeitangabe 41
Zeitverschiebung 40
Zion Nationalpark 154
Zirkus 116
Ziviltrauung 181
Zoll 14, 23